快消品经销商这样做才赚钱

张宇◎著

THAT'S HOW FMCG DEALERS MAKE MONEY

中华工商联合出版社

图书在版编目（CIP）数据

快消品经销商这样做才赚钱 / 张宇著. —北京：中华工商联合出版社，2021.8

ISBN 978-7-5158-3070-4

Ⅰ.①快… Ⅱ.①张… Ⅲ.①消费品市场 - 市场营销学 Ⅳ.①F713.58

中国版本图书馆 CIP 数据核字（2021）第 148353 号

快消品经销商这样做才赚钱

作　　者： 张　宇
出 品 人： 李　梁
责任编辑： 于建廷　效慧辉
装帧设计： 仙　境
责任审读： 傅德华
责任印制： 迈致红
出版发行： 中华工商联合出版社有限责任公司
印　　刷： 河北宝昌佳彩印刷有限公司
版　　次： 2021 年 10 月第 1 版
印　　次： 2021 年 10 月第 1 次印刷
开　　本： 710mm×1000mm　1/16
字　　数： 248 千字
印　　张： 18.5
书　　号： ISBN 978-7-5158-3070-4
定　　价： 98.00 元

服务热线： 010 - 58301130 - 0（前台）
销售热线： 010 - 58301132（发行部）
010 - 58302977（网络部）
010 - 58302837（馆配部、新媒体部）
010 - 58302813（团购部）
地址邮编： 北京市西城区西环广场 A 座
19 - 20 层，100044
http：//www.chgslcbs.cn
投稿热线： 010 - 58302907（总编室）
投稿邮箱： 1621239583@qq.com

导读

在快消品领域，经销商的生意是最难做的，上要面对品牌商的任务压力及多方面工作的配合，下要面对近二十年被厂家“惯坏了”的终端店老板，在两个强势的经营单位中做生意、求生存不是一件容易的事情。

笔者先在品牌商工作了十二年，曾服务雪花啤酒、农夫山泉（经历农夫山泉由十几亿元到破百亿元阶段）、今麦郎饮品（经历今麦郎饮品布局实施四合一和水不落地阶段）三家知名企业，从基层业务员干起到后来的销售副总，后在郑州某大型商贸公司做了三年的经销商生意操盘手。期间角色的变化、职责的变化等让笔者深刻地体会到快消品经销商生意的不易。

本书从七个方面助力经销商生意经营，所有方案和观点均是笔者亲身经历，每一篇文章都可以解决一个市场痛点，被很多企业内部定义为经销商市场运营实操手册。

第一篇从宏观的角度阐述了经销商生意的大致方向及在电商快速崛起的环境下经销商如何做大做强；第二篇就经销商做大增量市场给出几种常见的方法及部分成功案例分析；第三篇分析了数字化转型的必要性，以及经销商落实数字化盈利、数字化人员管理、数字化费用投入等方面的具体措施；第四篇就新品推广和促销方面给出具体落地办法；第五篇重新强调了深度分销的重要性，伴随数字化终端系统的加持由深度分销深入到深度动销层面操作办法；第六篇讲述了经销商团队的绩效考核落地策略及优化绩效来降低团队离职率的方法；第七篇讲述了笔者运营瓶装水的心得，以及分享了农夫山泉和今麦郎的一些经典案例。

快消品竞争白热化的今天，经销商对于宏观体系方面的了解越来越深刻，可以通过企业的集中培训、企业管理人员的日常会议灌输、社会各种辅导机构的报名学习等获取知识，但是落实到某一项具体工作中就会发现实际操作仍然困难重重，无法系统化。通过本书，大家可以将目标分解为若干可以实现的小目标，日常市场作业分解为若干个问题点，并辅以同类成功案例逐步解决。这正是经销商作业团队成员最亟须的东西。

本书很多章节均已发表在国内快消品权威自媒体公众号“新经销”上，全网累计阅读量近五百万，不少章节被农夫山泉、统一等国内一线品牌商作为企业经销商内部培训教材，同时也收到数以千计经销商老板的反馈，在此对一路支持笔者的品牌商和经销商表示感谢。

目 录

第三篇　数字化管理势在必行

第四篇　产品引爆与促销

第五篇　深度分销过时了吗

第六篇　业务员的激励与考核

第七篇　瓶装水之战

附录

第一篇

经销商，未来的路在何方

一、快消品行业六大趋势

纵观中国快消品行业过去三十年的发展历程，坦率地说，品牌商的销量不断增长，无非来源于四大原始驱动力，我们也可以认为这是机遇在主导一切。

市场容量：有人的地方就有市场。过去三十年，中国的人口基数之大，增长之快，经济快速增长伴随的消费能力爆发，造就了中国出现前所未有的市场容量。

品类渗透率：品类从无到有，由少到多，消费者从不用到用，直至人群中用户占比越来越高。

品类升级：由低端到高端、单一到全面，单品包装升级、口味品质升级、规格容量升级，消费者从少花钱到多花钱，单人贡献不断提高。

企业市场份额扩大：通过品牌定位、产品组合、细分市场运作等，挤压市场份额、占领市场，获取其他品牌的份额。

如今，上述红利几乎全部失效。市场容量在不断减少，机会主义者很难生存，品牌商要想扩大自己的市场份额，需付出之前几倍或者几十倍的努力，产品的丰富多彩导致品类渗透和品类升级举步维艰。那么，品牌商的路在何方？有哪些发展趋势？

（一）趋势一

总体消费强劲，服务需求保持高速增长，但品类出现拐点，是价格拉动而非销量增长。

1. 宏观感知：电商“6·18”购物节的强劲消费力

2020年电商“6·18”购物节作为后疫情时代的首个购物节，是各品牌商家提升销量、获取用户、弥补疫情期间损失的重要节点。

2020年“6·18”年中大促从5月25日就打响了预售战，6月1日正式揭幕，开启第一波优惠抢购，6月16日至18日达到高峰。

疫情下人们的购买力如何？这波报复性消费的力量有多大？我们可以从“6·18”购物节的成果中窥见一斑。

2. 微观感受：快消品行业数据

凯度消费者指数发布的最新数据显示，中国快消品市场在后疫情时代实现了总体复苏，于第二季度实现了3.5%的同比增长。这与中国国内生产总值（GDP）的总体反弹同步：国家统计局的数据显示，中国第二季度GDP实现了3.2%的同比增长。

尼尔森研究显示，2020年1月—2月、3月和4月，快消品线上渠道销售额较上年同期依次增长33%、32%和43%；截至2020年，快消品线上渠道销售额的同比增长为37%，保持了强劲的增长势头。

从全渠道看，尼尔森统计，快消品全渠道销售额2020年1月—2月同比增长3%；3月下跌，跌幅6%；4月重返增长，增幅8%。

3. 品类出现拐点，侧重价格拉动而非销量增长

品牌商要想实现销售额的高速增长，一方面要继续关注销量的增长，这是基础；另一方面要更加重视品类价格。

简而言之，靠卖得更多实现销售额的增长越来越难，只能寄希望于卖得更贵，就像品牌商很难再打造百亿级别的超级单品，但是多样化、个性化的产品越来越多，而且越来越贵。

（二）趋势二

消费升级，产品高端化、多元化必然是品牌商销量增长的关键因素。

1. 先说说消费观念的改变情况

一是对消费品质提出更高的要求。更愿意为高质量和具有更高安全标准的产品买单。

二是讲究健康自然的生活观念。更愿意为含有有机纯天然成分、环保可循环材料的产品买单。

三是追求便捷的消费方式。一方面是互联网的消费占比增加；另一方面是花更少的时间进行基础需求的消费，挤出更多的时间做更多想做的事。

四是重视更深层次、更广范围的情感体验，更追求体验式消费。购买优质产品，或多或少能够让消费者感到心情愉悦，购买高品质产品能增强他们的自信。

重视和强调可感知的价值体验，随着消费者的眼光更开阔、见识更多元，沟通方式也发生改变，进而从功能概念的说教到可以分享、可以讨论。

五是休闲性和娱乐性需求持续扩大，更多的喜好是获得参与感。经济实力的提升，令消费者对产品品质提出更高的要求，愿意花更多的钱换取产品、服务或更多的附加价值。

不再是解决简单的温饱问题，而是追求享受、品质、价值的高端消费，从“用眼消费、比价消费” 转为“用心消费、比值消费”。

2. 品牌商的产品定义

在多数快速消费品的增长中，高端化、多元化产品的推出成为主导因素。消费升级推动快速消费品一半的增长率。随着品牌集中度的进一步提高，品牌商生存的空间越来越小。

如今消费者越来越理性，品牌意识逐渐增强，对于产品品质的追求不断提高。这就需要品牌商推出高端化、多元化的产品满足消费者不同的追求。

这是一种蓝海战略，也是多元化发展的一种表现，而产品的丰富多样则推动消费者更追求生活品质。

3. 消费升级小结

中国消费品经历了从无到有，到稀缺，到丰富，到优选，到精选的过程。

伴随物质的极大丰富，需求层次从满足基础需求到安全需求再到社交需求的心理需求发展，符合马斯洛心理需求的发展趋势。

消费驱动从基础功能的使用需求到高品质、自然健康、便捷的体验需求发展。

新一轮的消费升级，消费者的需求变得更加多样化。

（三）趋势三

明星单品当道，打造核心单品尤为重要。

首先，明星单品不是超级单品，它不仅仅代表销量的保证和品牌的号召力，更多的是代表消费者的多样化需求和个性化、差异化的满足。

例如：在农夫山泉品牌成功后，面向不同的用户群体不断地推出茶π、东方树叶、维他命水、尖叫、水溶 C100 等明星单品，以满足不同客户的不同需求来获取更多忠实的消费者。

其次，就中小品牌商而言，由于资源的约束更应该聚焦资源打造核心明星单品，在市场中寻求一席之地。

（四）趋势四

市场继续下沉，上线城市增速放慢，3～6 级市场将成为主战场。

持续化的城市化进程释放了消费增长潜力，其中下线城市的表现非常突出。尼尔森发布的调查显示，一线城市的消费趋势指数在 2016 年时保持在第一位。

截至 2019 年第一季度，一线城市已被二线、三线、四线城市赶上，三线城市的消费趋势指数急速增长，位居榜首，二线、四线城市的消费趋势指数紧随其后。

下沉市场的潜力巨大，在线上流量红利逐渐触顶、一线城市消费者市场需求趋于饱和的情况下，下线城市成为巨头们商业布局的主要战场。

品牌商需要做的是：一方面，不断打通城乡消费联动的“毛细血管”，把多元化、品质化的产品送到老百姓的家门口；另一方面，不断通过下沉市场把众多优质的服务从一二线城市带到农村地区，让农村消费者也可享受到优质的用户服务。

（五）趋势五

社区化和便利化：社区商业将成为未来商业的核心，大卖场的销售占比逐渐削减，便利店系统尤其是社区便利店系统呈现出基数低、高增长的趋势。

社区化和便利化商业，因不断强化半径服务而发力不止。疫情下，人群的聚集性成为现代化卖场的弱点。

相比之下，社区化商业更能有效满足 1 千米 ~3 千米范围内人们的基本需求，满足人们的日常生活需要，避免了人群长距离的移动。

即使是在防疫常态化的今天甚至未来正常时期，社区化商业也将由于不断提升居民生活的便捷性、提高生活效率、缓解城市的交通压力、提升城市出行效率等因素而不断发展。

（六）趋势六

线上线下深度融合，互联网 + 快消品是必由之路。

商务部电子商务司发布的《中国电子商务报告 2019》显示：2019 年，中国电子商务市场规模持续引领全球，服务能力和应用水平进一步提高。

中国网民已超过 9 亿人，全国电子商务交易额达 34.81 万亿元，其中网上零售额达 10.63 万亿元，同比增长 16.5%，实物商品网上零售额 8.52 万亿元，占社会消费品零售总额的比重上升到 20.7%，电子商务从业人员达 5125.65 万人。

从数据来看，近几年电子商务蓬勃发展，势不可当。快消品牌从线上的电子商务起家，借助电子商务流量的红利，快速扩大规模的现象屡见不鲜，但是到目前为止，快消品尤其是饮料和食品的主要市场仍然是在线下。

实际上，线上线下深度融合，方可高效地提升品牌商的经营管理效率和营销效率。

通过线上对门店进行数字化赋能，整合门店、会员数据、营销方式、仓储库存等资源，结合线下实体门店形成合力，才可以进一步洞悉消费者的消费需求，从而更好地满足消费者的个性化、定制化需求，这是品牌商今后发展的必由之路。

二、新零售冲击，经销商怎么办

近年来，受到新电商、新零售的冲击，经销商的生存空间越来越狭小，传统快消品经销商遇到哪些挑战？前面有哪些路？应该怎么走？

（一）经销商面临定位、发展、管理等迫在眉睫的五大挑战

1. 挑战一：去中心化

快消品行业是劳动密集型行业，劳动者的成本越来越高，盈利压力越来越大，渠道利润不支持养活多层的经销商网络。随着竞争的不断加剧，品牌商大体量一旦形成，省级代理商、地市级代理商等经销商就面临区域被切分的问题，这是行业规律，不可逆。

2. 挑战二：扁平化

渠道的价值链上有经销商、分销商、批发商，最后才是终端，渠道利润不足以养活一个多层经销网络，利润不高，终端自然不会主动推销。要决胜终端，让产品真正销售给消费者，品牌商需要缩短渠道价值链，提高终端的积极性，销售渠道扁平化已经成为发展趋势，并且会一直持续下去。所以，经销商要适应品牌商缩短价值链、启动扁平化的进程。

3. 挑战三：规模化

扁平化的终极目标是规模化，经销商服务的区域越来越小，渠道网点有限，销量和利润的来源局限于有限的服务网点和单个网点售卖的库

存保有单位（SKU），“大鱼吃小鱼，快鱼吃慢鱼”的序幕由此拉开，区域超级大商会乘势而起，从而进行多品牌、多品类、规模化运作。

4. 挑战四：市场份额被蚕食甚至鲸吞

电子商务虽然进入缓慢增长期，但是体量已经不小了，其实还是处于增长阶段，只是较前期的超高速增长放慢了速度。物流企业也开始转型，利用其供应链的便利性开始抢占市场份额。

5. 挑战五：应收账款增加

传统零售业逐渐趋于便利化，连锁便利店呈现基数低、高增长的趋势，传统夫妻店逐渐消失，现款现货的交易越来越少，经销商的资金压力越来越大。

这对经销商现金流的考验会更加严格，也加速了对资金困难的经销商的淘汰速度，同时提高了快消品的入场门槛。减少应收账款的具体办法可以参考《直击一线丨销售额没增长，运营资金增加到 100 多万元，往往是应收账款出了问题!》一文。

（二）挑战之后经销商未来有哪些路可走

1. 快消品行业缴械投降，转移投资领域

新经销的创始人赵波常说：“凭借运气赚来的钱一定会通过实力亏损掉。”

伴随着人口红利、经济红利、品类红利等因素，不少经销商依靠低门槛的快消品行业赚得盆满钵满，但放松了对自己学习进步的要求，面临突如其来的变故往往力不从心，经营困难。面对此时没有被套牢的局面，希望可以尽快脱手，转到其他熟悉的领域。

2. 转型成为电商

不少商贸公司都选择走电子商务这条路，尤其是前几年电子商务崛起的时候，转型的经销商不在少数，经过几年的沉淀期，大浪淘沙，成

功者廖廖无几。

在这里奉告广大经销商，没有金刚钻别揽瓷器活，转型电商要有足够的知识、资金和运作能力，切不可随波逐流。

3. 纯粹的物流商

如果将市场分为 1 ~ 5 级商圈，那么 1 级和 2 级商圈的经销商最适合做物流商。这些市场是强势品牌的必争之地，几乎都会安排重兵把守，需要的只是经销商的人脉、资金、仓储和物流。只要服务提升了，利润低一点，可以长期伴随品牌商。

4. 品类运营商

有些品类的产业集中度低，产品替代性强，比如休闲食品、调味品、食材、文具、办公用品等。这些品类，只有通过品类整合才能产生对终端的影响力。

未来，经销商的数量会减少，剩下来的经销商经营的产品倾向品类整合，即对终端形成品类托管，某个品类全部由经销商供货。

经销商要从研究产品到研究品类，一旦品类托管就必须做到：销量增长，利润增长。品类托管是新趋势，B2B 在做，不少经销商也在做。

5. 供应链运营商

在全渠道新零售模式的冲击下，经销商面临转型发展的压力，传统经销体系下的独家代理模式决定大部分经销商代理的品牌单一，面向零售门店的配送成本高、效率低。

一般单个经销商代理的商品有限，仓储管理粗放，大多采取单品配送方式，为满足零售门店的供货需求，多采取小批量、多频次供货模式，导致配送运营不经济，成本较高，效益低下。

在社会消费升级、产业链变革的大背景下，经销商传统的代理模式无法推动业务实现规模化、集约化发展，已不能满足市场需求，亟须转型发展与整合升级。

这既是经销商转型的一大契机，也是巨大挑战。

一是经销商转型要克服两大困难：供应链体系的完善和专业人才队伍的建设。

这两者是影响快消品流通服务能力、客户体验的核心要素，也是行业发展需要重点解决的痛点。而供应链体系的完善，核心突破点将会集中在快消品分销物流体系的专业化、系统化发展上，尤其是快消品城配物流服务体系的完善是核心中的核心。

二是传统零售小店会选择 B2B 平台作为新的进货渠道，有四个主要原因：商品丰富、品质可靠、送货及时、价格有竞争力。这四个方面反映了 B2B 平台与传统经销渠道在供应链管理能力上的差别。

6. 区域服务商

区域服务商有别于纯粹的物流商，他不仅仅做简单的配送服务，还做客情建立、产品维护、售后服务等，卖的是渠道服务，用极致的客情及服务换取报酬。

需要注意的是：服务质量越高，门槛就越高，不可替代性也就越高。只要不可替代，就可以持续盈利。这也是经销商转型幅度最小、安全性最高的模式。

7. 品牌运营商

通过与厂家联合开发、贴牌开发（代工生产）、自己入股收购小厂开发等形式成为品牌运营商，对运营能力的要求极高。

转型要求：具备完整的营销体系能力、品牌策划宣传能力、较强的资金实力、成熟的人才机制与管理机制，具备一定的渠道资源。

写在最后

一些人看待经销商的生意时会说：“不转型等死，转型就是在找死，总之就是一个死。”这句话过于悲凉，他们没有做过经销商，也体会不到做生意的奥妙。

每一位经销商都是值得尊敬的，生意做起来不容易，不但创造了 GDP，而且解决了一部分人的就业问题。

但是，依据目前快消品的发展趋势，经销商转型既是挑战，也是机遇，每一次大的变革总会成就一批超级大商，希望广大经销商可以理性地评估自己的综合实力，做出最适合自己发展的转型决策。

三、为什么你的生意做不大

一个老生常谈的话题——为什么我在市场耕耘多年，生意依然做不大，增长缓慢或者停滞不前。同时会拿别人举例，做快消品短短几年，生意规模就上亿元，究竟差距在哪里？

（一）可能是产品的问题

4P 理论中排在第一位的就是产品，经销商没有好的产品或者没有好的产品组合必然做不大自己的份额。一个经销商一般负责以一个县市为单位的行政区域，区域人口数基本固定，相关联的网点数也基本固定。而经销商做大份额的方式有两种：一是水平增长。不断拓展自己的网点，让更多的网点给自己卖货，可是网点数有限，所以水平增长很快到达天花板。二是垂直增长。不断增加自己服务网点的 SKU 数，让网点卖更多的货，这一点在理论上可以无限地扩大到让服务网点成为自己产品的专营店。这两点要求产品必须具备流通属性。我们可以总结为以下几点：

1. 产品结构

经销商经营的产品结构是否有淡旺季互补优势，例如水面结合，夏天主卖水，冬天主卖面。

经销商经营的产品结构是否有高、中、低档次价格带互补，以满足不同阶层的消费者需求。

经销商经营的产品结构是否有渠道互补，以满足区域内不同渠道的需求，包括线上线下渠道。

经销商经营的产品结构是否有利润互补，以满足赚流量和赚利润的需求。

2. 产品本身的问题

如果是创新产品，有没有创新力？差异化是否明显或者值得培养？品牌商的综合实力如何？

如果是跟随产品，是否有品牌力、价格优势、利润优势、服务优势？

3. 产品的属性

产品容量是否可以满足，包括销量容量和利润容量。

产品的成长值是否很高，包括过去很高和未来很高。

市场份额是否足够大，且具备相对的竞争优势。

产品的渠道匹配度，例如餐饮最好推出大包装，商业圈最好推出精美的小包装。

4. 目标消费者

产品在区域市场是否具备很好的消费者认知。

产品在区域市场是否容易给目标消费者建立很好的消费场景。

5. 注意南北差异

我国地大物博，南北消费习惯差异较大，所以经营产品要注意南北差异，就像北方最好不要种水稻。

总结：经销商的生意能否做大，选品是第一要素，选择不对，努力白费，尤其是区域代理商，发展到销量增长瓶颈期（区域网点基本覆盖），更要精准选品经营，努力做到区域服务网点品类基本垄断。

（二）可能是模式的问题

模式的问题是很多经销商的通病，有些经销商甚至从开始做生意到现在一直是一种固定的模式，薪资制度也是一成不变；还有部分经销商经营几个品牌，都是品牌商在运作，将公司搞成一个“卤水拼盘”，刚开始增长迅速，后期长时间无法壮大。那么，在经营模式方面有哪些改进方式呢？

1. 经营模式

从经营的角度看，一般经销商的生意发展趋势是大锅饭——区域承包——合伙人模式。原因很简单，经销商经营的属性是区域市场运作，受地域的限制，营收靠商贸利润（赚的是产品进出差价），没有必要像品牌商企业一样规划公司的发展。当生意规模小的时候，没有老板和员工之分，大家一起干，老板既是领导又是业务员，还是送货工；当生意发展到一定的规模，老板集中精力做管理，将分配权逐步下沉，为激发员工的主观能动性可以适当地将市场区块化，即承包给业务员；当生意形成规模，老板的核心工作就是分钱。钱如何分？必须建立合伙人机制。所以，一个阶段一个模式，而以不变应万变是行不通的。

2. 产品模式

经销商经营产品一般可以分为三个类别：

- 覆盖型产品：没有网点就没有销量。覆盖产品的主要功能是网点覆盖，是流通市场的硬通货。产品匹配市场绝大部分网点属性，也是网点和经销商之间的纽带，最适合做主线产品。
- 兼顾型产品：即兼顾网点覆盖和经营利润，是网点强化的补充，也是经营利润的补充。
- 利润型产品：是经销商获利的来源。

经销商经营产品要明确产品的定位，尤其是主线产品的选择和目的要清晰，否则产品模式就有大问题，从而影响销量增长。

3. 利润模式

经销商想做大生意，没有钱是万万不行的，利润就是钱的来源。很多经销商发现做同样的生意最后的获利情况却有天壤之别，所以不合理的利润模式是扼杀生意做大的元凶之一。利润模式是否合理就要研究投资回报率：投资回报率能反映经销商的综合盈利能力，有利于判断经销商经营业绩的优劣，更有利于优化资源配置。

营业利润（A）主要包括：

毛利额（a）＝销售额（两个关键点是销量增长率和销售目标达成率）×毛利率

其他收入（b）＝品牌月度、季度、年度返利＋过程指标达成奖励

营业费用（c）＝覆盖费用（业务薪资＋车辆司机费用＋运输费用等）＋销售费用（渠道费用＋活动费用＋退换货费用＋物料费用等）＋固定费用（管理行政人员薪资＋办公仓储租金）＋财务费用（税务＋贷款利息），也就是 $A=a+b-c$。

运营资金（B）主要包括：流动资金（a，品牌商的打货款、备用金）；应收账款（b，部分渠道先货后款）；库存占压（c，产品库存积压货款）；应付账款（d，银行贷款、品牌商根据经销商的信用给予先货后款政策、下游网络收到的预付款），也就是 $B=a+b+c-d$。

投资回报率 $=A\div B$。投资回报率越高，意味着经销商的盈利能力越强。在这个等式中，经销商需要寻求无限扩大 A 和无限缩小 B 的经营模式匹配自己生意做大的发展需求。

（三）可能是高管配合的问题

人员问题很复杂，管人比管事难太多了，这里涉及人的态度问题、技能问题、工作积极性调动问题、人员绩效考核问题等因素，但所有因素集中起来都归结为一个问题，即经销商老板和职业总经理的配合问题。如果这两个人配合失当，市场增量只能是天方夜谭。主要原因如下：

1. 疑人不用，用人不疑

经销商老板通过自己的判断和考核选定职业总经理后，就要充分放

权，非必要尽量不要插手管理问题，以免影响总经理的发挥和打断市场的策略推进。

2. 各司其职

在正常情况下，经销商老板的职责是资源型输入，包括维系良好的厂商关系，对接更多的品牌商资源，寻找更符合公司经营需求的产品，解决正常运营所需的资金、仓储、运输等问题；职业总经理的职责是经营管理的输入，包括市场运作、团队管理等。二人各司其职，可以相互建议，但最好不要交叉管理。

3. 及时汰换

对于职业总经理可以给予一定时间的保护期和一定时间的考核期，但是两年之内公司经营没有起色，就必须进行调整，不是能力不能胜任，而是其能力与公司目前的发展要求不匹配。原则上是汰换而不是降级使用或者调岗处理，经销商老板此时不可妇人之仁，因为要对团队负责。

（四）可能是自我封闭的问题

很多传统经销商对近几年的新运营模式不感兴趣，甚至是很排斥，这是不对的。产品的供应链是品牌商研发——工厂生产——经销商代理——终端店销售——消费者购买的结构。早期的 B2B 就想通过优化供应链打掉经销商代理链，以提高产品供需的优势；现在比较火爆的社区团购就想打掉终端店销售链，以提高产品供需优势，本质上这是在抢别人的饭碗，不能说其将来的成败，存在即合理。经销商即使不拥抱，但也不要排斥，要体会其中的经营之道，体会大数据下不断优化的供应链体系，其价值对自己的生意会有很大的帮助。

写在最后

经销商生意的瓶颈有且只有一个，突破这个瓶颈，你的生意就会有大的发展，如果你找到一个瓶颈，突破后生意没有大的发展，就说明找错了，或者不是眼下最重要且紧急的事。

经销商要学会控制自己的欲望，尤其是在发展期的经销商，生意做大的企图心很强，不惜损失利润和竞品血拼，不惜铤而走险低价跨区窜货，不惜损失信誉骗取下游网络的预付款等，这都是无法控制自己欲望的表现。要记住一口吃不成一个胖子，生意要做大，稳扎稳打才是关键。

四、上亿级经销商为何外强中干

我电话拜访了几个上亿级经销商，感觉用“外强中干”这个词形容最恰当，一年做上亿元的生意，年底盘点，净利润寥寥无几。

大部分经销商喜欢先做大再做强，再加上品牌商的任务压力，一切向“量”看。当一个区域市场的销量绝对值很大、人均消费量很高、盈利能力还很弱的情况下，应如何走出困境？

（一）降低退货率

核心思想：只有赋予业务团队、终端店老板安全感，方可让其大胆干。

1. 业务团队

业务团队最担心的是退货带来的考核，最终导致四个层面的问题：

- 压货量不足，形成不了陈列气势。
- 新品不敢上，万一公司不包售后，客情受影响。
- 生动化布建不敢大量拆箱排面、冰柜排面不足等，这些畏首畏尾的操作手段均对产品动销产生极大的负面影响，退货也因此而产生。
- 评估日常退货率，对退货率低的业务员给予奖励。

建议：以执行标准定考核，为执行结果承担责任。

例如，品牌商或者经销商考核要求做多少陈列店？做到什么标准？达标给予奖励，不达标给予处罚，但是只要业务团队在执行过程中没有问题，就不应该为结果承担责任，这相当于解开了销售团队的枷锁，让其放手干。

2. 终端店老板

签订包售后协议。近年来，部分不负责任的企业、经销商坑终端店太厉害，口头承诺、一诺千金的时代已经远去，白纸黑字更是一份担当。

建议：包售后要有约束条件。

- 不接受不同批号产品的退货。
- 不接受终端仓库里闲置过期品的退货。
- 在业务员正常拜访的情况下，临期货及时反馈调整，不接受过期品的退货。

3. 消费者

消费者购买产品来源于产品赋能安全感，品牌背书、质量背书、信任背书等，大品牌好操作，小品牌怎么办？

建议：多做消费者沟通活动，简单有效的办法就是明码标价、试饮和试吃。只有让消费者感受到产品，并有参照价格其才会大胆购买，这个环节常被很多人忽视，得不偿失。

总结：销售创造利润，退货损失利润。在供过于求的时代，退货在所难免，与其绞尽脑汁规避，倒不如放开手脚推动销售，退货率自然而然下降。让消费者看得见、摸得着、吃得到，打消顾虑方可放心购买。

（二）做有价值的促销，制定理想的零售价格

1. 做有价值的促销

促销的目的是建立消费者新认知、打击竞品、提升销量、获取利润等。如果促销没有达到其中任何一种目的，那么这次促销就是没有价值的，不仅没有价值，还损失了自己的利润。

2. 制定理想的零售价格

在产品同质化越来越严重的今天，价格差异化的作用尤为突出，好的价格策略既可以拉动销量，又可以最大化地提高产品利润。我们看到很多商品的促销定价，例如 19.8 元/包、49.9 元/件，其原理是消费者更关注小数点的左位而非右位，向左敏感度提高，向右敏感度降低，也就是常说的左位偏见原理。

快消品是靠销量获利的，例如定价 49.9 元/件，左边的数字满足了消费者对价格的大致需求（消费者感知：四十几元一件），右边的数字满足了企业对毛利的需求（9 角是低于 1 元的最大整数值），一举两得。

总结：促销和定价是相辅相成的，漫无目的的操作不如不做。

（三）引导统一认知

我走访市场时发现，常见的反而是品牌商和经销商视而不见的问题：在产品品项多的情况下，陈列混乱，主推产品陈列排面低且不突出，价格标识不统一，促销海报告知不明确，促销试饮试吃不规范等。投入大量的促销品、宣传物料等反而造成消费者认知混乱，降低了消费者购买产品的欲望。

产品的动销是由认识引起的，施炜老师曾经提出认知、交易、关系三位一体，认知即交易，交易即关系，所以引导消费者统一认识是产品动销的关键。建议以下三点：

- 价格签、POP、帷幔等生动化物料，统一规范且按照同一标准大面积地重复出现。
- 不断增加陈列店，建立消费者流畅的认知。
- 扩大、增加主推产品排面、地堆等强化消费者认知。

总结：所有市场的布建只有一个目的——强化消费者对产品的认识，进入场景，重复一致叠加曝光，熟悉促成流畅，流畅促成喜欢，喜欢就会购买。如果违背这个核心，那么一切资源投入均属于消耗利润。

（四）调节产品销售结构，重心偏移新品

1. 老品的特点

产品已经成熟，市场格局已经形成，利润必然降低。例如，农夫山泉 550ml 水和怡宝 555ml 水的 2 元水竞争胶着，可相互取代，价格透明，经销商不可能有太高的利润。

老品已经培养成功，品牌商也不愿意在老品上投入更多的资源，而是需要老品创造利润。

老品渠道成熟，流通较快，窜货事件时有发生。

总结：无论是品牌商还是经销商，如果把销售重心放在老品上面，利润必然会降低。

2. 新品的特点

新品诞生的一个重要目的就是利润补充，高利润是它自带的属性。

在新品推广期间，品牌商会有充足的推广费用保驾护航。

新品在丰富品项或者品类上有重要的作用，可能影响经销商的生意格局。

总结：对于经销商而言，要想在区域市场的销量绝对值很大、人均消费量很高的情况下提高利润，推广新品是一项重要选择。

（五）经营过程、万项精进、降本增效

核心思想：可花可不花的费用（免除无影响）定义为损耗。

费用支出后，从长期角度来看，销量没有增长帮助的定义为损耗；费用支出后，从长期角度来看，利润没有增长帮助的定义为损耗。**损耗均要想办法减免。**

写在最后

“外强中干”的经销商本质是“营销”行当只吃透了如何“销”，而没有了解如何“营”。**经营的本质是创造源源不断的利润流，希望大型商贸公司在方法论上多多总结、多多学习，早日将生意拉上正轨。**

五、想立足，拿下“商圈”制高点

中国的媒体环境早已进入粉尘化时代，信息到处都是。

消费者需要有温度的媒介，需要亲身体验产品，需要建立认知流畅性。那么品牌商和经销商应该怎么做？在哪里做？

随着城市化进程的不断推进，“商圈”已经逐渐变成消费者的集散地，吃喝玩乐应有尽有，更是消费者认知、体验的绝佳场所。下面就品牌商、经销商如何突破“商圈”，和大家聊聊我的想法。

（一）商圈的定义及打造样板商圈的起步工作

在核心城市，可以说得上是“得商圈者得城市”。一个品牌在一个区域市场是否有影响力，就看它在人流密集区域的综合表现。

现代的商圈包括重点客户（KA）、CVS、移动平均线（MA）、餐饮、休闲娱乐等消费场所，最适合消费者一站式的体验服务。

对经销商而言，符合打造的样板商圈必须满足以下三大原则：

- **样板商圈必须有足够多的人流密度，以及产品必须满足大部分消费者的消费能力。**例如，你计划开发的商圈人均消费力是几百元，你在里面推广一瓶一千元的白酒是不会成功的。
- **样板商圈要尽可能多地包含产品的目标渠道，将来做推广活动才能影响更多的受众。**例如，你做的是一款嘻哈风格的气泡水，样板商圈要优先选择含有这些渠道多的场所——网吧、KTV、酒吧、餐饮等。

- **选择目标商圈一定要有信心，将自己的产品做成此商圈内的第一品牌，无论是气势还是销量均要大于竞品。**

1. 锁定商圈，统一思想

将区域内所有的商圈信息统计对比，根据样板商圈三大原则锁定首批开发的目标。

团队集中讨论，灌输思想，明白这样做最终要取得什么样的效果？对大家的销量及收入有什么影响？

2. 消除员工的执行顾虑

做商圈的目的是以点带面、聚焦资源投入，以优势终端店带动弱势终端店，逐步蚕食竞品的市场份额，直至将品牌份额“围剿”打击到最低值。通过讨论预测这个过程可能遇到的困难有哪些？如何克服？

3. 排顺序，定门店

目标商圈锁定后，也就锁定了目标终端售点，此时，不可眉毛胡子一把抓。终端店攻克的顺序是：**已经合作的网点生动化做到最佳，未合作的网点优先开发核心（客流量大、营业面积大、环境舒适）网点，未合作的渠道优先开发熟悉的渠道，确保轻车熟路，效益为先。**

4. 线下活动，声音不断

从发动商圈攻击战时起，品牌推广活动及消费者促销活动要不间断地做，声势越大越好，为商圈的推进助一臂之力。

（二）全渠道要求重陈列，树立高端的品牌形象

1. 现代渠道是品牌的脸面，要做够面子

现代渠道，尤其是 KA 卖场，是品牌展示最好的窗口，要想全面提升区域销量，首要任务就是让自己的品牌深入人心。操作上，必须是抢占第一陈列位置，在费用允许的情况下要求不惜一切代价，甚至可以降低区域市场媒体广告的费用预算。

如果费用无法支持，第一陈列位置无法获得，就必须在店内打造多点陈列、专属陈列、生动化形象陈列等，做到又大又醒目，以确保外围陈列包围第一陈列。

最好做到：**店外第一眼看到品牌陈列，店内到处看到品牌陈列。退而求其次：没有第一陈列，确保进店多点陈列有压倒性的优势。**

2. 拿下高势能售点生动化，建立标准化渠道陈列

高势能终端售点（卖场）陈列要求：求新、求异、吸引眼球。但其他渠道陈列要求标准统一，否则无法给消费者建立统一的认知架构，必然会影响陈列效果。

例如，你经营的产品是酒水饮料，在传统流通店要做好割箱陈列、冰柜陈列、货架陈列；在餐饮渠道要做好大面积堆箱陈列、收银台背后酒柜陈列；在夜场渠道（酒吧、KTV）要做好发光货架陈列。

产品陈列是品牌最好的广告，近距离接触消费者，通过实物感知建立认知，进而产生交易。

需要提醒的是，如今的品牌广告太多，让消费者产生认知最好的办法是打造极佳的产品 IP，但打造超级 IP 需求的条件很多，成功与否不可控。

最简单有效的办法：标准统一、千店一律，不断重复以便加深消费者的感知印象。

3. 陈列旁边必须有促销员助销

地堆、货架等是无声的品牌形象，促销员是有声的品牌形象，无声加有声是合格的生动化陈列。

在目标商圈，尤其是在人流量很大的时候，真正吸引消费者的是地堆、货架旁边的促销员，真正让消费者获取产品信息的也是促销员，真正通过交易产生关系的还是促销员。

所以，**要注重促销员（身高、体重、穿着、形象、气质等）的培训管理，确保信息输出的一致性和准确性。**

（三）新品互动，打造私域流量

商圈的主流人群是 18～35 岁的年轻人，他们接受新事物的能力强，消费意识和消费能力也强，是厂商推广新品的最佳人群，很多品牌商在商圈里开展大型的路演活动进行品牌传播。

1. 新品互动，塑造体验氛围

商圈是新品最好的着陆点，同时新品也是商圈最好的腾飞点。品牌商推广新品时综合费用的投入是旗下其他产品不能相比的。在综合费用充足的情况下加深消费者的认识，做好品牌灌输是很容易的，建议采用组合互动模式。

大型路演（可以结合商圈一起做，通过互动游戏提高消费者的参与度）+**多点体验促销台**（一人一台多赠饮）+**重点店内促销**（体验+购买搭赠），**最终打造成此商圈、此品牌的城市名片**。

2. 配合媒体资源，做好商圈私域流量

品牌力越强，说明品牌给消费者带来的产品信任背书越强，这样才可以做到“放心购买”，塑造品牌形象不是一朝一夕的事情，但是配合线上媒体，打造私域流量可以加速品牌力的形成。建议操作如下：

- **以流量带流量**：如果有明星做代言，商圈要大量展示明星和产品的捆绑宣传。
- **以内容带流量**：产品可以通过差异化、文化等赋能，捆绑宣传。
- **以搜索带流量**：如某品牌是奥运会官方指定赞助商，通过赠饮等活动吸引消费者搜索信息，以获取流量。
- **以社交带流量**：商圈内的品牌联谊会、互动会是最好的场所。

这是商圈的特有属性，**生意的本质就是流量，要充分挖掘，将公域流量转化为私域流量是塑造品牌最重要的手段之一。**

（四）返璞归真，做好基础工作

要想做好商圈，必须做好拜访铺市、陈列维护、品牌推广、客户维护及返利等基础性工作，其中最重要的两项是强化铺货率和保证售后服务。

1. 强化铺货率

铺货率要高，力求做到 100%，难啃的骨头要一店一方案，逐个击破，不留死角。

2. 保证售后服务

不允许出现过期商品，临期商品应第一时间消化处理，做到百店零差评，利用口碑传播。

商圈的终极目标是城市中心开花，辐射全区域，终端店老板也是商圈的老主顾，如果他到商圈看到到处是产品，与店老板合作愉快，那么线路业务员在推广的时候就会事半功倍。

写在最后

所有的核心城市均有商圈。商圈是通过政府城市规划、地产企业着手落地等合理布局产生的，其终极目的是服务区域人口，是城市的窗口，也是品牌的窗口。

品牌商和经销商抓住了商圈的消费群体，就相当于抓住了消费者主流的消费导向。

以抢占商圈作为占领城市的突破口，再由商圈辐射周边的消费群体，实现点、线、面的联网互动，最终快速提升区域市场整体的铺货率和占有率，达到品牌区域为王的目的。

六、厂商匹配度速查

年底、年初是经销商评估的重要时间节点，一旦确立合作关系就是新一年的风雨无阻。区域经理如何正确评估经销商是否符合企业的需求？经销商也可以通过以下内容了解自己与企业需求的匹配度。

（一）经销商对自己生意和产品的态度及对自己产品的匹配度

经销商的生意一般可以分为四个阶段：

1. 创业初期

生意态度：充满激情，和基层员工打成一片，深入一线作业，熟悉市场行情。

产品态度：追求高毛利，也追求市场高回转产品，先生存再发展。多以专营为主（只经营单一品牌，例如只代理农夫山泉单一品牌）。

匹配度：如果品牌商的产品不符合生意态度和产品态度这两点，也就不具备长期合作的基础。

2. 创业成长期

生意态度：初具规模，激情不减，有了自己的团队和体系，善于学习，在管理上寻求发展和上升空间，致力于生意做大、做强。

产品态度：追求产品结构、利润结构，淡旺季互补，需要与一线品牌合作提高自己在区域市场的知名度。多以专销为主（一个销售团队只销售一个品牌，如一位经理带 5 名业务员只负责销售农夫山泉，另一位经理带 5 名业务员只负责销售康师傅方便面，独立运营，独立核算）。

匹配度：一线品牌、利润补充、结构补充、季节补充。

3. 创业成熟期

生意态度：商贸公司性质，规模化、体系化运作，考虑员工的收入和发展，以及子女接班的问题。

产品态度：关注现金流，利润核算不是简单的差价 × 销量，产品结构丰富，多以混销为主（一个小团队根据产品和渠道结构同时销售 2 ~ 3 个品牌）。

匹配度：品牌商的运营体系和经销商的指导体系。

4. 创业衰退期

生意态度：投资不熟悉的红利行业导致现金流断裂，“交接棒”传不下去，子女各有事业无人接班，失去奋斗的动力。总之，现有生意在萎缩，没有能力或者意愿进行改善。

产品态度：现有产品依靠惯性发展，不会追加投资。

匹配度：除非产品的利润贡献占其生意利润总额的 60% 以上，否则不会被重视。

总结，区域经理要考虑以下三点：

首先，品牌商的产品只是经销商生意的一部分，如果经销商对待自己的生意都毫不重视，那么你的产品于他而言就更微不足道了。

其次，你的产品要匹配经销商的生意。强扭的瓜不甜，之前农夫山泉的区域经理看到今麦郎的四合一的力量，强行撮合今麦郎饮品的经销商代理农夫山泉，其结果可想而知。

最后，要扩大你的产品在经销商心中的影响力，甚至通过你的产品改善经销商的生意态度。当主动权在产品那里，何愁市场前景不光明？

（二）经销商的服务模式和经营思路的匹配度

1. 经销商市场一般分为城区市场和乡镇市场，并衍生出 3 种服务模式

- 城区和乡镇均是精耕区域。
- 城区属于精耕区域，乡镇属于批发服务。
- 城区和乡镇以批发服务为主导。

例如，如果你的产品保质期只有两三个月，类似于低温产品，就必须用第一种服务模式。只有精耕模式才可以实现：**规律性的拜访；高质量的作业；与终端店老板深入沟通；完善的售后调换货服务。**

这样才能确保这个产品在市场上落地生根、发芽成长。同时强调，市场上有很多经销商实质上是吃“差价”的倒爷，他们手里有大量的批发资源，年销售额也很高，服务模式也只能是第三种。

如果你的产品处于导入期或者是硬流通货且基本上不需要售后服务，可以考虑继续合作，否则尽快进行调整。

2. 经销商的经营思路的匹配度

有关经营思路的话题很广，不同的市场有不同的经营思路，不同的经销商也有不同的经营思路，很难有固定的描述，也无法判断其对错。

但是有一点，不同的经营思路都有相同的基本功，如你是做康师傅方便面的，向经销商提几个问题：

- 你的市场有多少个网点？你服务了多少个网点？
- 今年的营业额有多少？其中高价面和中价面的占比各是多少？容器面和袋面的占比各是多少？它们分别可以占你的市场多少销售份额？
- 市场的主要竞品是什么？你如何打击它？有什么市场机会？
- 你是如何调节淡旺季人员工作的？

如果经销商对这几个问题了如指掌，那么他一定是有思路的，市场

交给他，只需要结合厂家做一些思维引导即可。

（三）人员/车辆/网点/陈列/售后，综合评估匹配度

人员：专门服务你的产品的经销商人员有几个？

车辆：专门服务你的产品的经销商车辆有几辆？

网点：有你的产品在售的网点有几个？

陈列：你的产品的陈列位置、牌面、数量等如何？

售后：你的产品有没有售后服务？售后服务的质量如何？

举一个例子，一位招商经理在河南省招商，有一天向我汇报招到一位大经销商，一年营业额一个多亿，员工近百人，综合实力雄厚，市场口碑良好，产品在这个市场一定会大卖，结果半年过去了，销售额还不如一个夫妻档经销商。

区域经理实地了解后才知道，该经销商有业务员近百人不假，服务公司产品的只有 2 人，有车辆近 20 辆不假，服务公司产品的只有一辆电动三轮车和一辆小厢式货车，网点、陈列、售后都一样。

经销商整体产品系列强覆盖，唯独我司产品裸露了出来，这样是不可能做好产品的，所以这个匹配度一定要强调真正属于“自己产品”的部分。

（四）业务办公室布建和市场创新能力的匹配度

1. 经销商业务团队的办公室可以分为三种

第一，业务办公室和会议室脏、乱、差，匹配度为零。会议室应该是老板心血来潮的时候建的，后期没有坚持使用或者认为没有会议沟通的必要。

这类经销商缺乏管理概念，没有组织团队反思或者分享、总结的意识，属于典型的卖货郎，所以这种经销商不适合经营一线品牌，只适合

经营地方性品牌。

第二，业务办公室和会议室经常使用，有墙报数据并时时更新，有销售政策并时时通报，有投影仪、监控摄像头，有人员口号标语、事务公告、收入明细、会议记录等并时时更新，所有工具不是形同虚设，匹配度为 80%。

这说明经销商重视团队管理，重视反思、总结市场的问题，有数据化管理的意识，**这种经销商符合所有品牌商的要求，但是还需要企业加以引导。**

第三，增加员工生活墙、企业文化墙、企业架构等，实实在在地使用这些工具。这类经销商有了团队建设的思维，也开始注重人文关怀，团队高工龄人员逐渐增多，市场服务质量趋于稳定，匹配度达 100%。

要珍惜这类经销商，工作关系不是“管理经销商”，而是“服务经销商”。

2. 创新能力的匹配度

创新能力是经销商锦上添花的能力，是深入市场一线钻研的成果。山西某方便面的一位经销商，在当地方便面市场的份额已经接近 70%，做过快消品的人都知道，在市场上要想“打死”竞品是不可能的，只能无限压缩竞品的生存空间，这位经销商要想提高销量就必须另辟蹊径。

于是，他在春节期间自制礼品袋、条幅，引导消费者将方便面当作礼品。

如果你的产品在市场上非常强势，人均消费和市场占有率均远远高于竞品，那么再寻找经销商增量就必须考虑经销商创新能力的匹配度。

写在最后

经销商和品牌商的关系是建立在相互匹配的基础上的，否则后期就会不断地磕磕碰碰，对厂家、经销商、市场均是不利因素。

生意归生意，感情归感情。想合作一定要做好对经销商的评估工作，这是一切市场手段落地的基础。

如果以上四点你的经销商满足了一半或者一半以上，匹配度均是“NO”，长痛不如短痛，应结束合作。如果你的经销商发现自身不足，敢于面对和改善，在有“保证书”的提前下也可以继续合作。

总而言之，匹配度越高的经销商你越要珍惜，做好服务，共同发展；匹配度不高的经销商，要么改善，要么分手。

第二篇

如何做大增量市场

一、快消区域市场操作战术打法汇总

经常有朋友问我："我是某市场的经销商，怎么做才能做大、做强？我是某品牌在某市场的负责人，如何操作才能完成公司下达的销售指标？"这些问题很复杂，但核心点只有一个：**面对目前的市场情况，市场负责人不知道如何下手，如何改变现状，不知从哪一头开始梳理。**

最后的选择往往是跟随策略，即品牌商指哪儿，厂家人员和经销商就配合着打哪儿。

问题又来了，品牌商的策略不是市场成功的万能公式，时常有"水土不服"的情况，此时厂商矛盾就会积累和升级。

在不同的竞争格局下，有不同的战术打法，我就不同的市场情况和市场打法做一遍梳理，帮助经销商和品牌商管理者站在宏观角度思考自己市场的操作打法。

（一）产品进入市场后的三种形态

任何一种健康的产品在市场中不外乎三种形态。

新品入市：产品导入期，想在目标市场或者某一细分领域拥有自己的一席之地，想办法活下来，先生存，再谋求发展。

产品市场份额不断扩大：产品进入成长期，产品成长的每一步均需要付出一定的代价。目前，快消品由增量型市场转移到存量型市场，你的产品每多卖出一件，就意味着竞品少卖出一件，竞品岂能善罢甘休？

占领市场头部地位：产品处于成熟期，高处不胜寒，一旦当了区域老大，你就会变成众矢之的，其他经销商就会不服，在各个领域、渠道蚕食你的市场份额。

（二）不同竞争格局下的战术打法

1. 新品入市——游击战

新品入市首先是让新品活下来（刚刚踏入快消品圈的经销商经营的新品越少越好，新品越少越精，成功率越高）。

一般情况下，新品入市很难有品项的创新性产品或者压倒式的市场资源投入作为催长剂，所以按部就班是最稳妥的。建议以下三种战术策略：

（1）建堡垒

操作核心：选择目标区域、目标渠道或者目标售点，打造自己的堡垒区域。

选择要求：目标要小到自己可以掌控；目标要容易拿下，不打拉锯战；目标要有足够的销量和利润，是一块“肥肉”。

快速布点，快速连面，快速连片，为建立根据地做准备。一位朋友做富硒水生意。我的建议是：根据硒的功效，先拿下医院渠道，可以缩小到区域市场之内的三甲医院，甚至可以缩小到区域市场之内的三甲医院之中的某几所医院，然后建立堡垒。

（2）周期战

操作核心：周期性出击，间歇性作战。

新品入市要循序渐进，拿下一个目标，要短暂休整总结，确保目标的长久性。

要总结经验为下一步计划做铺垫，与此同时，针对已经达到的目标，要周期性地进行市场突击，确保在竞争中占据有利地位。

例如：富硒水生意，拿下两三所医院的大部分售点之后，要总结得失，即如何加快之后的进度、如何蓄力、如何降本增效等。然后在已经拿下的医院售点进行周期性集中突击，类似于集中生动化、大力度铺货、客情维护等，确保这些网点在竞争中处于有利地位。

（3）消耗战

操作核心：燃烧自己资源，消耗竞品资源，配合作战，直至竞品退出。

有一点需要强调：我们不和竞品比市场“压力”，只和竞品比市场“压强”。

“压力”和“压强”的本质区别是“压强”有一个“受力面积”，市场强者的资源是很多，但是分散之后留给某一个点的资源未必很多。

市场弱者的资源有限，但是聚焦在某一个点的资源就有可能碾压任何竞品。在这种情况下，我们就可以利用聚焦资源消耗目标之内的竞品，直至消失。

游击战的核心思想：以有利可图为目标，适用于以小博大。

2. 产品市场份额不断扩大——进攻战

产品进入成长期后，“温饱问题”基本解决，要想发展必须开始碾压竞品，主动发动战争。

（1）根据地

操作核心：建立根据地是发动进攻的基础条件，根据地是资源的输出地，进可攻、退可守，以战养战，辐射拓展。

简而言之，打仗是需要本钱的。本钱从哪里来？没有根据地的“造血”功能就不要发动进攻，没有后勤保障的战役很难取得胜利。

（2）连续出击

操作核心：画地为牢、步步为营、蚕食围剿。

有了根据地之后，要寻找目标区域连续出击（目标区域可以以渠道为目标、片区为目标、竞品弱势区域为目标，无论以何种方式划分，一定要有明确的界限）。

例如：某方便面品牌的根据地是一个乡镇市场，份额已经足够大，下一个进攻战的目标是相邻的乡镇市场。

操作的方法是定义好地理边界，不跨界，可以中心开花，先拿下乡镇中心市场，稳扎稳打，向外蚕食，也可以由边界乡村向中心市场渗透，包围蚕食。

（3）拆炮楼

市场的进攻不可能是一帆风顺的，破船还有三千钉。任何一个品牌总会有自己的核心客户，核心客户不转变，随时可能“复辟”，前期投入会功亏一篑。

具体的操作办法：先挖出核心客户，了解竞品的利益输出，明白产品的竞争优劣势，集中资源快速歼灭。

例如：竞品的核心客户在市场的存在形式一般是批发兼零售店，有陈列、返利甚至人员支持，发动进攻战只要摸索清楚合作的情况，加大筹码，背叛的可能性很大。毕竟对于市场而言，只有永远的利益，少有永远的朋友。

（4）定点爆破

操作核心：当目标市场取得一定的进展之后，一定要执行定点爆破，集中兵力、聚焦资源、全面垄断，确保占据绝对竞争优势。

例如：在某一个渠道之内，产品已经站稳脚跟，形成竞争格局，这时候的进攻战就是想方设法地执行专卖，将竞品清理出去。

进攻战的核心思想，一切以聚焦资源为核心，侵占目标市场份额。

3. 占领市场头部地位——防御战

此时产品处于成熟期，变主动为被动，战术上由进攻变为防御。

（1）阵地战

操作核心：维持格局现状，敌动我动。打阵地战是建立在老大和老二有绝对差距的情况下进行的。

例如：市场老大的产品份额是老二的 2 倍以上，这时候老大要尽可能地维持现状，按部就班地拜访客户、维系客情，以正常促销力度销售来储蓄力量。

时刻留意第一和第二竞品的市场动作，察觉异常，聚焦储蓄力量歼灭其于萌芽状态。

例如：某一牛奶品牌在市场的年销售额是5000万元，而第一竞品的年销售额是2000万元，此时本品就应该健康增长、积蓄力量，当第一竞品出现大力度促销、费用买店等情况后就出台与之匹配的对策。

（2）防守反击战

操作核心：快速复制、超额投入、扩大范围、拉开距离。

打防守反击战是建立在老大和老二没有绝对差距的情况下进行的，也可以理解为老大只是略胜一筹，稍微领先。

马太效应（Matthew Effect）是指任何个体、群体或地区，一旦在某方面（如金钱、名誉、地位等）获得成功和进步，就会产生积累优势，就会有更多的机会取得更大的成功和进步，即出现好的愈好、坏的愈坏、多的愈多、少的愈少的现象。

所以，此时要尽快拉开距离，规避长久的胶着状态，要倾尽一切可利用的资源，如陈列费用、促销费用、人员投入等，目标只有一个，将敌我差距越拉越大。

进攻战和防御战的本质就是“矛”和“盾”的关系，比的就是发现市场机会的能力，每一种打法都相生相克。总的来说，带着“心”在市场上泡的时间越长，胜算的可能性就越大。

二、接管了一个“烂市场”，该如何破局

快消品行业，品牌商营销团队是铁打的营盘流水的兵，今天入职 A 企业，明天入职 B 企业；经销商也一样，今天代理品牌 A，明天代理品牌 B，长久的厂商生意很难实现。但是有一个共性问题让品牌商营销人员和经销商头疼，即营销人员和经销商接手的市场是一个“烂市场”。

“烂市场”有几个共同特点：

- **“烂市场”是由“好市场”演变而来的，如果没有“好”过，“烂”也无从谈起。**
- **“烂市场”比“新市场”更难做，新经销商不愿意接盘。**
- **有过多次经销商更换的经历，导致终端客情基础差。**
- **市场遗留问题比较多。**
- **无法找到产品、渠道突破口。**

如果你正在这样的市场工作，建议你从以下几个方面入手。

（一）明确目标，市场“四定”

1. 定战场：看潜力、看格局

“烂市场”最大的问题是产品无法定位。品牌商有一系列产品，哪一个单品具备市场破冰能力，这个选择尤为重要。产品一旦确定，渠道、价格、促销等问题便可迎刃而解，选择不对，努力白费，搞不清楚选品问题就无法确定目标战场在哪里。没有目标战场就会导致空有一身劲，没有地方使。

定战场的核心逻辑如下：

容量足够大：容量大包括销量容量大和利润容量大。只有市场销量容量足够大的品类，才有更高的成功率，销量容量大代表该品类已经被消费者接受，在消费者认知、交易、关系方面就不必投入大量的资源。只有利润容量大才可以确保市场被激活后，经销商可以良性运作。

成长足够高：成长高包括过去高和未来高。产品具备高增长的潜力，要研究品牌商所有产品的历史数据，哪一个单品曾经辉煌过，巅峰值是多少件，如何再创辉煌。

份额足够大：具有相对竞争优势，目标产品在品牌商系列之中的地位足够高，也就是销售额占绝对领导地位。

满足这三点的产品基本上就是破冰利刃，也就选定了战场，而价格、渠道、促销便属于战场内部的问题，根据竞品的情况机动地作战。

2. 定政策：知己知彼，百战不殆

我曾经遇到一个“想不通”的促销方案：一个礼盒产品在 DM 单上搞促销，原价是 49. 9 元/件，促销价是 49. 2 元/件，这样搞促销不会带来销量的增长，还会损失渠道的利润，其最终目的是什么？

定政策的核心逻辑如下：

渠道价格体系：产品的动销必须有拉力和推力，拉力来源于消费者，推力来源于终端店老板，所以终端店的供货价和零售价尤为重要。**在产品同质化严重的今天，“烂市场”的供货价和零售价最好有优势，要清楚竞品的定价，贴近竞品去战斗。**

促销模式：促销模式多种多样，但是价格战是短期内见效最快的模式。品牌商的市场费用有限，不可能支持所有产品的促销，但在一个 SKU 上做大促销是比较常见的方式，所以**产品组合促销是常见的“烂市场”破冰之法。**

例如：某单品 A 口味价格为 30 元/件，B 口味品牌商本月促销价为 18 元/件，组合促销 A + B 销售价为 48 元/套，在不伤价盘的同时做好了促销。

3. 定目标：不打无目标之战

战场确定了，价格定好了，渠道利润打通了，没有目标就会事倍功半，所以**“烂市场”的破冰之战一定要有目标，包括但不限于网点拓展、陈列家数、目标铺货家数和件数等。**

4. 定激励：激励是目标的护航舰

每人日清日毕日对标，达标者日激励，未达标者日考核，再设立周度、月度排名奖。日考核与激励最好是晨会上日日兑现，优秀者上台分享，对落后者帮其找出问题所在。

（二）主动工作，市场“四做”

1. 做囤货，把货铺下去

不能铺货，一切只能停留在想法阶段。**“烂市场”的特征是合作网点少，客情基础差，甚至出现了信任危机，而市场破冰的第一原则是速度，解决此项矛盾最好的办法就是赊销铺货。**

赊销是一把双刃剑，但是把握好两点便可以利大于弊：**一是设定单人赊销家数上限，这样业务员就会选择最适合的终端店进行赊销；二是设定单店赊销件数上限，这样就可以大大降低退货的风险。**

2. 做陈列，把货摆出来

没有陈列的分销不是真正的分销，不以动销为目的的铺货不是真正的铺货。

陈列的核心原则：店外看得见（陈列生动化要醒目，地堆要足够大），店内到处见（店内货架、冰柜、多点、地堆等随处可见）。

陈列费用要机动而为，不可固定不变，“烂市场”比较常见的情况是终端店不卖货，靠“吃陈列”。陈列费的支付要与接货量或者销量挂钩。例如：基础陈列要求收银台附近摆放 10 件，奖励陈列费用 1 件，其他陈列费用的支持为多摆放 1 件奖励 1 瓶，月度销量达 100 件叠加奖励 1 件。

3. 做告知，把货容易卖

一切准备就绪之后，最重要的是消费者告知，告知内容包括但不限于促销内容、促销价格、产品信息等。常见的确保消费者告知的方式分为三个步骤。

第一步：告示海报的张贴，要求业务员作业，与终端店老板保持联系，与陈列费挂钩。

第二步：业务员日常线路拜访维护，使用终端系统照片上传，随时接受检核。

第三步：品牌商、经销商稽查部人员进行巡查，确保告知牌的数量和质量。

4. 做奖励，卖更多货

恰到好处的奖励可以有效地激发团队的销售潜力，常见的奖励模式分为以下五个步骤。

第一步：将区域市场按照片区规划，注意渠道、网点数量和质量的分布。

第二步：制定区域的铺货家数目标、铺货件数目标、月底回款目标、陈列家数目标、样板店打造目标等其中的 1 ~ 2 种，建议不超过 2 种目标，否则就会造成混乱。

第三步：确定单日最低目标，这是目标跟进的最小单位。

第四步：明确日度、月度激励政策。例如：当日达成奖励 30 元，月底累计达成再奖励 1000 元；当日未达成处罚 30 元，月底累计达成再奖励 500 元；月底未达成，奖励全部扣回，处罚不免。

第五步：月底达成综合排名，奖励团队的前 20%，随名次逐级递减。

最后要分工明确，责任到人。经销商老板或者总经理负责货源供应、物料制作、配送等保障，销售主管负责每日数据追踪，重点门店形象布建，并及时帮扶落后人员，确保按照目标推进，财务或者文员负责陈列协议、费用的审核及每日达成奖励的发放，销售经理负责活动整体培训及市场走访，齐心协力，确保一线作战人员的销售工作。

写在最后

快消品行业早已进入产能过剩、供过于求的时代，迫于品牌商的销售压力，产品低价窜货属于老生常谈的话题，老品价格被击穿，毛利不能支持公司盈利。与此同时，老货龄产品也日益增多，最终导致经销商服务能力下降，于是一个又一个“烂市场”被制造出来。

破局“烂市场”，一方面可以是品牌商提高高毛利新品的推广；另一方面也可以通过“四定”“四做”挽救市场。但是更希望看到品牌商合理规划任务指标，严抓市场秩序，确保市场良性发展，毕竟防患于未然才是最重要的事情。

三、如何搞定市场“烂区域”

前段时间，我发表了一篇《接管了一个已经做“烂”的市场，该如何破局?》的文章，收到很多经销商的询问，大部分经销商反馈的一种情况是：我的市场不属于完全“烂”的市场，只是有好坏区域，将市场分成若干片区，好区域的销量是坏区域销量的几倍甚至几十倍。

“烂区域”已经是恶性循环，竞品十分强大，排挤严重，区域招聘不到人，好不容易招来了，基本上三天就离职了，老业务员也不愿意调过去，但是产品整体市场销售氛围不错，只要有人能稳下来情况就一定会好转，该怎么办?

其实这种情况很常见，任何一个品牌不管整体多么强势，在市场的局部区域也有软肋。只要打法正确，资源调配合理，竞品拿下一个根据地相对容易，而这个根据地就是经销商所说的“烂区域”，对于这些区域该如何操作?

关键是人!

就像经销商所说，“只要有人能稳下来情况就一定会好转”，这样的人可以称为“勇士”。下面分享我之前服务的经销商王总是**如何利用高薪激励“勇士”冲击“烂区域”取得业绩高增长的。**

王总的观点是：只有高薪才可以吸引“勇士”，把“勇士”放到大而难的区域才可以让大而难的区域贡献更高的业绩，这样的区域往往是业绩和利润增长的发源地，也是锻造优秀将士的训练场。

（一）第一步："烂区域"的标准

1. 落后区域

市场份额和竞品相比，差距巨大，区域基础薄弱，人员稳定性差，销量增长远低于市场平均水平。

2. 非落后区域

该区域的排名虽然不是倒数，但是增长不尽如人意，增量空间巨大，可以通过"勇士"实现区域的高增长，也可以挑战更高的目标。

总结：好和差是相对的。值得注意的是，经销商可以把具备销量和利润双驱高增长的区域都定义为相对"烂区域"，这些区域需要通过高薪吸引"勇士"前来挑战。

（二）第二步：鼓励"勇士"积极参与

1. 明确挑战的目标

目标包括但不限于销量目标、利润目标、网点数量和质量目标、陈列家数目标、重点单品的铺货率目标。

2. 报名条件

不限工龄、司龄、职务等，只要敢于挑战、勇于超越、永不服输。

有良好的价值观并与经销商理念相匹配，具备良好的市场操作经验及专业的岗位技能。

具备吃苦耐劳的精神、良好的抗压能力，成熟的带人经验、优秀的管理技能。

优先目标区域现有人员报名本区域，但不做局限要求。

3. 现场选拔

评价维度：过往业绩占比 50%，主要领导人占比 20%，现场表达市场改善办法及下一步动作分解占比30%。

营造氛围：确保选拔公平、公正、公开进行，历史数据公开，现场公布挑战目标和挑战销量，同时鼓励优秀业务员挑战自己、挑战高薪。

区域竞拍：当所有人员清楚目标区域的市场情况之后，进行区域竞拍，形式类似于拍卖会，制定好增量目标，谁提报的挑战目标高，这块区域就是谁的，能者居之。当然，也要提前告知与之相匹配的待遇体系。

总结： 要想完美收官，事先必须召开小组讨论会议，文员提供一切历史数据支持，分享“烂区域”的增量机会点和公司给予的政策倾斜，要有一定的时间让“勇士”实地走访、考察目标区域市场，做到心里有数。同时做好动员工作，答疑解惑也非常重要。

（三）第三步：高薪制定策略

薪酬的制定是破解“烂区域”的关键，90后员工更在乎工作的成果，从工作中获得成就感，创造更好的工作和生活氛围能不断地激发员工的热情。

企业更需要员工从默然与受挫的状态逐渐走入高效，员工需要物质激励，更需要能够证明自己并与之能力相匹配的物质激励，所以高薪的制定尤为重要。

王总是这样做的：

1. 基本薪酬制度

接手“烂区域”的业务员，在前三个月按照去年同期平均待遇保底发放，充分信任员工，不被销量困扰，解决遗留问题，做好市场基础。

但必须满足新网点数量（新开发数量指标）和质量（店内陈列指标）的双达标。三个月之后按照正常考核执行，基本考勤工资可以升高1～2个等级。

2. 区域难度系数

一是增量百分比系数。

例如：去年该区域的销售额是100万元，今年的挑战目标是120万元，完成挑战目标后的达成率为120%，所以难度系数为1.2，获得的奖金会乘以难度系数1.2。

二是增量绝对值系数。

区域销量基数越大，增量百分比达成就越难。首先计算市场区域年销量的平均值，然后用挑战销量除以平均值即可得到增量绝对值系数。

例如：王总市场划分的9个区域去年同期销售额的平均值是100万元，张三挑战“烂区域”的目标是80万元，那么该系数就为80÷100=0.8，获得的奖金会乘以难度系数0.8。

整体举例：李四拿到的“烂区域”去年销售额是100万元，今年挑战目标是130万元，该经销商市场区域平均值是120万元，李四的奖励为：奖金×增量百分比系数（130÷100）×增量绝对值系数（130÷120）。

3. 奖金设定标准

根据产品和市场的不同情况，有两个维度可供参考：

一是增量绝对值维度。例如：年度增量第一个10万元，奖励1000元；第二个10万元，奖励2000元；第三个10万元，奖励4000元；以此类推。

二是增量百分比维度。例如：增量10%，奖励1万元；增量20%，奖励2万元；增量30%，奖励4万元；以此类推。

这两种奖金维度可以任意选择其中的一种，也可以根据经营产品的利润同时执行两种维度。

（四）第四步：挑战“烂区域”的过程监管

1. 月度、季度述职

在述职会议上展现自己的成果，侧重市场的改善结果汇报，方便管理人员进行辅导和纠偏。半年之后，同时评估该员工是否具备继续挑战的可能。

2. 半年度绩效评估

“勇士”在区域挑战6个月之后整体指标未完成，或者无法正常跟随销售节奏，从第7个月起取消考勤工资、升级待遇，执行原有薪资体系。

如果后期发力，年度整体挑战成功，取消的薪资、升级待遇一次性补齐。

3. 年度绩效评估

年度挑战成功，按照合约，一次性发放所有奖励（这里需要制定规则防止投机倒把，要确保市场良性运作，确保终端店库存在合理范畴）。

年度挑战失败，按照非挑战模式薪资制度，重新核算“勇士”月度达成薪资，与实际收入对比，多退少补。值得强调的是，即使是挑战失败，也值得鼓励，总结经验，鼓励来年再战。

（五）第五步：所有“勇士”年度总结

“烂区域”一年的挑战结束后，应第一时间召开表彰大会，公示结果，发放奖励。挑战成功的“勇士”要分享心得，传播复制。

挑战失败的“勇士”要总结得失，积累经验，再接再厉。挑战年度的结束也是新一年挑战的开始，新一轮的挑战“烂区域”可以重新竞拍。

写在最后

王总在一个拥有 30 万人口的小县城一年销售额做到 2000 多万元，是我服务过的一位很有思路的经销商，尤其是在人员激励方面独树一帜，将人效发挥到最大化。反过来看，通过“勇士”挑战高薪破解“烂区域”解决了以下五个问题：

- 解决了“烂区域”的增量问题。
- 解决了贡献越大、酬劳越高的分配问题。
- 解决了团队驾驭“烂区域”能力不足的问题。
- 解决了高能力员工稳定性差、归属感低的问题。
- 解决了团队标杆带动整体业务能力提升的问题。

四、区域承包是什么

培训界的常青树魏庆老师在其“魏庆老师营销同行会员群”中关于承包制发表了自己的观点：

为什么采用承包制我一直不赞成，因为这其实是“懒政”，老板短期内看着省心，实际后患无穷。

这会刺激员工的“贪婪”欲望，他们不看老板承担多少压力，反倒会看到“原来老板每箱赚这么多钱”，就会有非分之想。

采用承包制，老板对员工的控制能力减弱。更无法要求员工做到大店小店挨着跑、做陈列、维护价格秩序、执行促销……这些细活儿，完全没人干了。

在承包制度下，老板和员工的利益其实是不一致的，员工的利益就是拿今年的承包利润。而对老板而言，市场是自己的，希望“江山永固”，铺货率高、价格稳定……这样生意才能持续。

采用承包制度，老板和员工的利益完全不同，同时老板又失去了对员工的控制力，而且刺激了员工的“贪婪”欲望。

作为80后，我对魏庆老师是非常尊敬的，他的课程伴随着我不断地成长和进步，但是就区域承包制我有些不同的观点。

区域承包制度和对承包者的管理约束两者并不矛盾，而是相辅相成。就像我国公民人身自由权的主要内容是：公民在法律范围内有独立行为而不受他人干涉，不受非法逮捕、拘禁，不被非法剥夺、限制自由及非法搜查身体的自由权利。

自由权是在法律范围之内的权利，是有条件的自由。区域承包也一样，必须在有条件的范围内享有承包的权利，这个条件就是承包制的法律，包括但不限于“细活儿”“生意能持续”，毕竟承包者和经销商此时也想建立良性生态圈，谋长远利益。

承包制和甩手掌柜制不一样，有约束的承包（可以借助手机终端系统）是激活主观的同时牢牢控制市场操作的核心要素。

没有一个制度是完美的，见机行事、权衡利弊才是上上策。

以上仅代表我个人的观点，再结合今麦郎“四合一”片区小老板承包制实施的经验，给大家分享一下如何做好市场区域承包之前的准备工作。

（一）首先了解一下区域承包制的好处

身份变化，由被动变为主动，积极性提升，网点和销量必然会有所提升。

省下的就是自己的，陈列费用使用会多花心思于投入产出，退换货情况会通过调剂减少，产品配送会优化行车路线，综合市场费用必然会有所降低（当然这个过程要监督管理，底线是市场良性发展）。

应收账款的控制必然会严苛起来，现金流必然会增加。

团队稳定，离职率降低，服务也会加强，终端客情也相应稳定提升。

承包人员赚差价，渠道价格稳定，窜货会减少。

这些是区域承包的一些优势，快消品是劳动密集型行业，它的不同在于劳动者既需要脑力劳动（促进成交），又需要体力劳动（搬货、整理），但是整体收入水平偏低（低于快递和外卖小哥），从业者众多，职业前途不明朗，导致人员离职率居高不下。很多经销商面临销量降低、销售成本和人员成本升高的矛盾局面，此时不妨尝试一下区域承包制。

（二）区域承包制要因地制宜，循序渐进，选好试验田

每一个市场的情况不同，服务人员也不同，搞区域承包制的第一步就是选择试验田，摸索承包的方法论。可以考虑以下几个维度：

区域销量指标：承包的目的是市场改善，所以试验田首先要选择销量较差、潜力较大、成功率较高的区域。

区域铺市指标：建议选取铺市率中等偏下的区域，成功后便于推广模式。

区域客情指标：客情是不可量化的指标，建议选取服务 2～3 年的业务员。

人员稳定性：承包人员的稳定性是一个重要因素，要慎重选取。

（三）初步设立承包模式，核算承包费用

1. 价格透明、费用透明、政策共享

要让承包人了解产品的打款价，以及公司的销售政策、费用明细及核销办法、仓储、工商税务、后勤人员和办公投入、车耗油耗、残损客诉等，通过费用核算，帮助承包者梳理经营中的费用问题，同时明确自己需要承担的费用情况。

2. 明确目标、主动工作、责任做事

明白各自的收入和职责，形成文件（尤其是分润模式要尽量详细），签字盖章。例如：经销商的职责是保证货源充足、品牌商对接流畅、核算费用及时兑现。承包人的职责是确保网点的数量和质量、陈列家数的数量和质量、拜访的频率和质量、产品的动销和调配。双方通过会议的形式达成一致，签订合伙人协议，并制定双方违约处罚条款（业务终端手机系统可以实现双方的相互监督）。

3. 设立创业保底金，为承包前期保驾护航

首位承包者是敢于第一个吃螃蟹的人，对其要进行全程辅导，创业保底金的设立可以大大减轻承包者的创业压力，保底金可以参考去年同期该承包者的平均月收入制定。规定前三个月基础指标达成，收入低于保底金按照保底金发放，收入高于保底金按照实际利润发放。

（四）承包人的选择是区域承包的关键

事在人为，选好承包人就相当于成功了一半，承包人的选择包括主观因素和客观因素。

1. 主观因素

充满激情：想创业，愿意吃苦敢挑战、不安于现状想超越。

稳定性：主观希望伴随公司成长。

2. 客观因素

经验：工龄 2 年左右，熟悉公司，熟悉业务流程、产品、市场。

业绩：销量达成，排名中等偏下最好。

年龄：90 后的未婚人员最佳。

创业保证金：接受保证金的发放规则和额度。

（五）全力打造样板承包区域

试验田敲定了，承包费用核算完毕，承包人选取完毕，最重要的就是打造样板。市场需要梳理，主管经理要协助，经销商老板要关注。以下常见的办法供参考：

- 协同区域市场走访发现市场问题点。
- 通过提高拜访频率和服务质量增强客情。
- 通过对目标网点的铺市提高基础销量。

- 通过寻求特殊渠道消化市场大货龄产品。
- 通过费用倾斜营造市场氛围。
- 通过新品推广增加利润空间。

总之，**承包不是放任不管，要扶上马背再送一程。**

（六）取得硕果，快速复制

要萃取成功的经验：试验田一旦成功，就要形成方法论，让首位承包者充分回忆承包的心路历程，形成简单易学、可复制的、存在共性的书面材料，主管经理要详细揣摩，制定操作流程和解决问题的方法。

承包人现身说法，建立培训机制：方法论形成之后，承包人利用晨会、周会、月会培训承包经验，提供互动机会，答疑解惑。

区域承包第二梯队要执行老带新模式：第二梯队承包人要先在成功区域实习一周以上，相当于岗前培训，深入了解后再签订承包协议。

以老板为首的专项小组要及时辅导，解决实际问题，不断地优化调整。

区域承包的关键是人。很多人是因为看见所以相信，有了成功案例就容易得多，选择人比培养人容易得多，所以建议在市场上挖掘其他品牌的优秀业务员，激发其做老板的梦想，加入区域承包的队伍。

最后我分享一个 2016 年在今麦郎的真实案例。湖北某县城刚开始实行承包制的时候，很多员工都很着急，感觉经销商想变相裁员，承包阻力很大，样板区域的选取、承包费用的核算、承包人的沟通都推进得缓慢。但是当时的经销商非常坚定，外加今麦郎企业的支持，在艰难中推进 3 个月，首批 3 个承包人离职 2 人，1 人坚持，半年之后这个人通过自己的努力终于成功了。

记得有一天在晨会上，该承包者感慨：当小老板和业务员是不一样的，付出不一样，收获也不一样，月入过万元真的不是梦，我想自己招人，再承包一个区域。

时至今日，该经销商全部实行区域承包，绩效翻番，2019 年已经开始实行现代渠道——促销员承包机制。关于区域承包的好坏众说纷纭，总体上是成功者说好、失败者说差。**没有一个制度是完美的，见机行事、权衡利弊才是上上策。**

五、大型商贸公司年度预算工作指南

金秋十月，每年这个时候全年的销售工作就接近尾声了，工作重点除了销售业绩，最重要的恐怕就是来年的预算工作。预算工作是一个重要而且烦琐的事情，重要是因为它指引来年的销量、利润、人员配置、市场投入等工作主线，烦琐是因为它要做到很精细，要不断推翻、重建，再推翻、再重建。我做过 10 余年的预算工作，现将心得分享给大家。

预算工作的开展可分为以下 5 个阶段。

（一）冥想阶段：对今年“人”和“事”的工作的深刻自我反省

冥想是预算的依据，来源于今年实操过程中的点点滴滴。销量的增长来源于工作的不断完善，今年遇到的问题没有解决、错误没有反省，结果只会越做越差。如果预算的时间是 30 天，那么冥想的时间要在 10 天以上。冥想主要是以下几个方面。

1. 人员方面

人员方面，也就是布兵打仗的排头兵，没有人干不成事，没有优秀的人干不成大事。人员方面需要思考以下几个问题：

- 今年人员的流失情况，业务骨干的流失情况，离职的原因，现有团队的平均入职年龄。
- 下属各销售小组人员的全年状态，以及小组长的状态。
- 各区域的人力配置是否合理，强势区域和弱势区域的人力投入结构是否合理，人员是聚焦型还是分散型。

- 各级管理人员要深刻反思全年的人员管理问题、奖罚制度、升降制度等，管理人员要提出批评和自我批评。
- 规划新一年的人员培训方案和培训时间点，雷打不动地提高人员的综合素质。
- 总结所有人员的两大指标：一是态度问题；二是技能问题。管理人员因人而异做好帮扶计划，列出帮扶时间点。
- 薪资方案。一般是公司统一制定，但是区域要做好优胜劣汰。
- 人员考核激励。考核在哪里，人员的工作重点就在哪里，月度、季度人员考核是否起到有效激励作用，激励后是否达到预期目标。
- 分销商、批发商、优质付费网点的合作状态，是否具备持续合作的必要条件。

2. 事务方面

原则是优势要放大保持，劣势保证不带入来年，营销4P和4C多维考虑。

- 基础工作是否扎实？基础工作包括市场基础工作和销售基础工作。
- 今年的销量来源在哪里？中间商压货还是市场动销？
- 库存和货龄。盘点市场分销商、批发商的现有库存及终端店在售产品的平均货龄，要牢牢掌握产品的现实状况，以及货龄、库存、产品流向。
- 今年销售额的贡献情况。现有销量是靠哪几个产品完成？各产品销量占比分析，甚至分析各品类和SKU的占比。
- 产品结构是否完美？产品分为主销产品、利润产品、培养产品、保量产品、品牌产品、渠道特定产品等，将自己的产品贴好标签，保持一年。
- 渠道是否合理？每一个渠道都有对应的产品，是否匹配？各渠道开发和维护存在哪些问题？渠道的竞争力如何？

- 竞品分析。今年竞品的信息是否及时准确？是否根据品牌优势强弱和竞品硬碰硬，还是迂回占领？
- 价格分析。今年产品的定价是否合理？是否兼顾各层级利润和自身利益？和竞品相比，是否有优势？价盘是否区域统一？价格决定利润，利润决定各层级推广产品的积极性，那么积极性如何？
- 今年市场费用投入是否合理？分析到每一家终端店、每一个人，投入产出如何？费率是否可控？有没有优化的可能？长期和短期投入搭配是否恰当？费用投入是否精准？淡旺季费用占比和使用方向是否正确？市场推广活动和销售节奏配合如何？
- 今年渠道费用投入是否合理？长促和短促的搭配情况，和竞品对比是处于领导地位还是跟随地位？是否有效地打击竞品？是否影响渠道各层级销售机构的利益或者加盘，每次大力度促销后的得失总结是什么？
- 终端客户年销售情况如何？目前各个客户的销量占比，根据二八原则，销量前 20% 的客户经营状况，销量是增长还是降低？原因是什么？
- 销售节奏把控的合理性。年销售进度和预计是否有差异？每月的任务，上旬能完成多少？是上旬动销完成任务还是月底压货完成任务？
- 媒体广告支持和铺货人员的协调性是否完美？
- 售后服务以及突发事件的处理是否得当？事件营销、客户处理、临期货和过期货的管控情况等。
- 反思营销模式或者手段，即传统营销和新营销的碰撞结果，互联网销售思维是否导入？类似于平台销售、社区团购等新一代销售模块的落实情况如何？

（二）预算大纲的定型：确定明年的大方向，经过探讨得出结果，一旦确定目标，坚定不移地执行

产品定型：确定产品属性，销量贡献型、利润贡献型、品牌贡献型等。

人员定型：人员编制、组织架构、薪资制度等。

市场类型结构定型：强势和弱势区域定型、操作手段定型。

年度销量目标及月度分解定型：部分产品销售目标甚至分解到旬。

市场费用总投入定型：投入方向和时间点定型。

渠道定型：要有主次之分。

促销定型：促销时间点定型、促销力度范围定型、促销形式定型。

价格体系定型：开票价定型。

销售节奏定型：如水头什么时候开始，终端压货什么时候开始，网点维护及淡旺季主题工作定型。销售节奏定型，如表 2－1 所示。

表 2－1　销售节奏定型

<table>
<tr><th>品项</th><th>项目</th><th>12 月</th><th>1 月</th><th>2 月</th><th>3 月</th><th>4 月</th><th>5 月</th><th>6 月</th><th>7 月</th><th>8 月</th><th>9 月</th><th>10 月</th><th>11 月</th></tr>
<tr><td rowspan="3">产品</td><td>销售特征</td><td>水头冲击阶段</td><td colspan="3">强化终端铺货阶段</td><td>网点开发阶段</td><td colspan="4">销售高峰阶段</td><td colspan="3">平稳销售阶段</td></tr>
<tr><td>推广策略</td><td>超低价收款</td><td colspan="3">底价推广</td><td>开发考核</td><td colspan="4">冰冻支持/拎包强化</td><td colspan="3">销售维护阶段</td></tr>
<tr><td>工作重点</td><td>压货：全品项竭尽全力收款，抢占批发、终端店的资金和仓库</td><td colspan="3">完成全年90%以上的目标终端店的割箱/拎包工作，网点布局全面开始</td><td>大力拓展终端网点</td><td colspan="4">强化终端店陈列，冰冻化大力度检核，执行无冰冻不销售，抢抓销量</td><td colspan="3">收尾＋预算：将 2019 年 6 月之前的产品进行消化，启动 2020 年的预算</td></tr>
</table>

客户等级定型：根据今年的实际销售情况，按照综合销量排名进行

客户等级划分，分等级投入、分等级拜访。客户等级定型，如表 2－2 所示。

表 2－2　客户等级定型

客户等级	定义	市场投入时间	投入形式	每月投入费用	业务员拜访频次	经理拜访频次
A	2019 年销量前 5%	1－12 月	双割箱、拎包、货架、冰柜、生动化、专卖		一周二访	一月二访
B	2019 年销量前 20%	2－10 月	单割箱、拎包、货架、冰柜、生动化		一周二访	一月二访
C	2019 年销量前 40%	5－9 月	拎包、货架、冰柜、生动化		一周一访	一月一访
D	2019 年销量前 80%	6－8 月	拎包、冰柜、生动化		一周一访	二月一访
E	2019 年销量前 100%	无	拎包、冰柜		二周一访	顺路拜访

（三）第一版预算：第一版预算要确定 80% 的内容，是重中之重，后面的预算均属于查缺补漏

预算的主体不是三言两语可以说清楚的，这里着重强调市场投入原则：组合投入类重点区域，包括地级成熟终端型做出线上、线下、渠道投入。只是由于市场规模和发展阶段的不同，在投入总量、媒体选择上有所区别。

1. 战略成熟型

启动终端型区域线下、渠道投入。

全渠道覆盖，核心区域直接服务终端，边远区域通过终端服务商、签约二批服务终端；选择有影响的店做陈列与美化，通过“终端媒体化”落地，促进销量增长与品牌提升；品牌传播落地除线上支持外，

延续“公关落地化”策略，重点支持新品推广的大型消费者活动，透过路演、现场互动、赠饮等推广活动与消费者沟通互动，提升消费者对公司新品类的认知度，挖掘潜在消费者人群，达到销量提升的最终目标。小活动重点支持现有品项的推广，巩固现有消费人群。

2. 机会成熟型

机会成熟型包括区域成熟终端型、区域成熟终端渠道兼顾型市场，特指具备一定销售规模的市场，将做出线下、销售投入。以终端服务为主，通过更优质的服务与客情提升市场销量；渠道以多品项进店为主，利用陈列店与美化店的支持，以及“高大上”的形象展示，刺激消费者购买。高势能网点、高端特通形象展示网点，可给予部分费用支持。品牌传播落地除线上支持外，也是“公关落地化”推广活动的重点市场，高频次的小型展售活动持续曝光，是提升本品品牌的主要策略。

3. 战略潜力型

战略潜力型包括区域快速终端型市场、区域成熟渠道型市场、区域快速渠道型市场、区域快速终端渠道兼顾型市场。它已具备一定的销售规模，或者具有较大的开发潜力、能够持续增长的市场，是未来公司销量增长的主要市场，也是陈列店及落地推广活动的重点支持区域。

4. 机会潜力型

线上覆盖、渠道投入。区域规模一般，以服务促销量。陈列店重点支持，产品品牌落地以大型活动造势与小型活动持续不断相结合的方式推广。

5. 机会培养型

机会培养型属于有发展潜力，但目前未突破的区域市场。市场发展状况“良莠不齐”，重点以渠道建设为主。依据目前对渠道的掌控力度，适度投入费用，选择高势能渠道，有影响的终端店做陈列与美化，以点带面，带动其他终端店进货，提升本品铺货率拉动销量。品牌落地主要透过空中广告、网络媒体等线上宣传的方式提升品牌知名度，消费者落地推广活动有选择性地给予支持，逐步提升本品品牌知名度，挖掘有潜力的市场，提前进行培养。

（四）预算答辩阶段

预算做出来，先进行团队内部讨论，组织人员包括区域行政文员、区域市场企划、区域销售主管、区域主干业务、片区经理等，由下而上进行反复提问和修正。

外部推敲：安排团队之外的人员（类似于优秀分销商、优秀批发商甚至优秀终端客户等）进行疑虑提问，不要怕出现问题，现在出现问题只要修正即可，运作中出现问题就会手忙脚乱。

（五）终极版预算及二级跟进手段

预算一旦确定就坚定不移地执行，大方向不可随意更改。

有些经理是预算结束工作就结束了，实际操作和预算不搭边；有些经理严格按照预算执行，市场随时变化，不知道变通。所以，一定要设立二级跟进手段确保大方向不动摇，以及过程修正措施确保市场意外情况顺利过渡。

总结：一年一度的预算工作是各区域经理的重要工作内容，它包括对过去工作的反思，来年工作的展望和规划。做预算也是将自己不断地敲碎、重塑的过程，团队尤其要直面自己犯下的错误，接受多方的批评和意见，万不可为了完成公司下发的预算考核而敷衍。

六、如何让订货会一举三得

记得七八年前，一场订货会可以收至少一个季度的货款。只要有促销力度，简单粗暴地拉重点客户聚餐就搞定了。

订货会，可以承载新品快速铺市，也可以快速抢占渠道资金，还可以顺便答谢一些长期合作的终端客户，可谓一举三得。

随着存量市场竞争的日益激烈，各个厂商均开始大规模地开展订货会，下游客户的资金量有限，所以收预付款的效益也越来越差。

近几年，大张旗鼓地搞订货会的声音也越来越低，经销商都认为开订货会就是陪客户吃吃喝喝，没有什么价值，聚餐的钱不如换成促销费用予以投入，那样客户可以落到实实在在的好处。

真是这样吗？我拜访了河南一位做牛奶的经销商贾总，看看他是如何开展订货会回笼一个季度（400 万元）的销售货款的。

（一）第一步：事先走访，做好调研工作

要开好一场订货会必须做好综合调研工作，市场在变化，但是很多经销商的订货会都是自说自唱，惯性运作，只传承不创新，这也是收款失败的罪魁祸首。

充分了解区域网点情况：老板、主管经理、骨干业代亲自拜访重点客户，详细了解终端店对促销政策、会议形式、节目要求、礼品建议等的需求。

例如：端午节订货会可以选择质量好的折叠躺椅，因为中午天气炎

热，店老板需要简单休息，却又没有合适的地方。

充分了解区域竞品情况：要搞清楚竞品是否开订货会，如开订货会其订货力度如何，订货会的时间、地点、形式、礼品及策略。

充分了解整体行业情况：要搞清楚同一个时间段是否还有其他品牌或者品类在开展订货会，订货力度如何。

此时不可局限于常规竞品，任何有悖你收款的产品都是竞品，因为终端店的资金有限，要分析行业订货会对终端店资金的影响程度。

（二）第二步：明确目标，确定订货会内容

1. 制定订货总量目标和考核机制

没有明确的目标就没有明确的方向，根据同期、增长等因素制定本次订货会销量要求（需要提醒的是：销售目标要分解到每一个终端店，避免盲目订货导致大日期产品产生，损失利润），做好目标分解（参与家数和订货件数），把指标落实到区域、业务，并匹配相应的激励政策。

例如：重点客户邀约到场数、重点客户订货数、重点客户综合订货量、收款目标及提货进度等。这里需要强调所有结论必须建立在对同期和现状情况数据化、系统化分析所得。

2. 确定销售政策

订货政策包括两个方面：一方面是渠道促销政策，做到政策覆盖面广，让80%的客户均可参与（多坎级、多套餐、多覆盖），产品组合灵活多变，突出新品和高毛利产品的地位；另一方面是陈列支持政策的配套执行，如端午节需要加大陈列支持，以确保陈列位置和陈列面积。

3. 明确目标客户

首先，要对目标客户做明确定义（年度销量、配合情况、资金情况、仓储情况等），全面邀请目标客户，一视同仁。

其次，重点锁定。锁定销量排名前 20 的客户，锁定竞品强势终端、销量大户，专人跟进，务必参会。

最后，将邀约量化。分区域、分客户，责任到人，一包到底。

4. 确定订货会的时间、地点、形式

时间要抢先于竞品（告知、收款、出货、压仓、陈列展示均抢先），一周之前开始收预付款，3 天之前告知终端店老板具体时间和地点，过程执行要保密，同时注意天气或者其他特殊事件的影响。

地点要精选，注意停车位、交通便利、酒店影响力，室内要有足够的空间进行产品陈列和场景布建。

形式要根据参与客户数及客户类型确定，建议开小型订货会，让客户分批次参与。例如：今天举办 100 人流通订货会，明天举办 100 人特通订货会，这样既可以优化服务，又可以有充足的人力来跟单，以促成交易。

（三）第三步：会前准备，责任做事

订货会常见的疏漏是突发状况、无人负责，沟通对接效率低，现场布建不规范，没有系统化。

1. 全方位培训

订货会开展时，实际情况会比较乱，所有人员必须有标准的话术、标准的行动，所以培训必不可少。

培训之前要制定订货会执行手册，包括但不限于邀约话术、产品知识（尤其是新品知识）、订货政策、利润分析、沟通技巧、常见客户提问简答等，培训期间重点做好沟通演练，以现场角色扮演的形式多次重复邀约话术、政策宣导话术、成交话术。

2. 明确各级人员责任

梳理整体订货会的执行细节，落实到人。

例如：执行当天，客户引导（签到、礼品发放、引流座位、交款地点等）工作谁负责；政策宣导和气氛引导（政策宣讲、游戏互动、冷场怎么办）谁负责等。

3. 现场布置及物料准备

现场布置包括外场布置（彩虹门、条幅展架、指引路标等）和场内布置（签到墙、产品及奖品展区、舞台及背景、品牌宣传片及主持人配合）。

物料准备包括：团队风采（统一穿工装）、广宣物料（要协调广告公司提前做好，并验收合格）、奖品和礼品（要时尚实用、价值感强、伴手礼要人人有份）、必备工具（订单、POS 机、保险柜）。

以上各项均需要系统梳理，开会集思广益，力求万无一失。

（四）第四步：明确订货会当天的重点工作

1. 做好宣传，搞好氛围

首先，订货会成功的关键就是宣传和氛围。宣传要在会前和休息时循环播放广告片和宣传片，游戏中主持人可以就广告片和宣传片的部分内容进行简单的提问，以增强宣传效果。其次，要求公司上下一致，多说感恩的话，多做感恩的事。

氛围更加重要，尤其是要增加订货氛围的持续性，所以主持人务必专业，既懂主持又懂业务，趣味互动、惊喜不断。内场的布置要突出新品认知和体验，全体服务要周到热情，做到一桌一业务员，每桌都有事先交大额订单货款的老板，以起到带动作用。

2. 跟进订单，推好新品

订货会现场是收获订单的最好时机，要不断地宣导政策（要求经销商老板现身说法，话术通俗易懂，有激情、有代入感），提高现场的订单和补单数量，同时做好答疑解惑的准备。

订货会是新品推广的最好时机，要做好终端店老板体验，做好陈列展示，做好产品差异化卖点介绍和利润分析。

（五）第五步：订货会结束的后期工作

订货会结束可能是大面积收款的开始。目前，快消品行业不景气，终端店老板的犹豫期就会延长，所以订货会后的收款工作不可松懈。

首先，明确延长订货会的时间，告知到位，广泛撒网、重点捕捞，时间一过收缩力度；其次，保证货源，保证配送，保证产品保质期；最后，做好陈列布建，做好促销拉动，协助终端店产品快速动销，不留问题，在增进客情的同时永续良好的合作基础。

七、利润低，可能是应收账款出了问题

湖北黄石的一位经销商给我发微信说自己一年的生意额 5000 多万元，最近三年公司的销售额几乎没有增长。

净利润逐渐降低，但是运营资金投入增加了 100 万元，生意越来越难做，这样下去生意不必干了，把钱存银行赚利息也比做生意赚得多，究竟该怎么办？

我帮他梳理了一下：经营利润的降低是多方面原因导致的。例如：区域竞争的激烈程度、品牌商的市场支持及窜货管理的严格程度、电商低价冲击的程度、经销商运作市场的能力等因素，需要逐一梳理过程。

但是销售额没有增长，运营资金反而增长了，你要告诉我增长到哪里：

- 是品牌商在销售压力下高仓位运行压货所致？
- 是品牌商产品产能不足，订货备用现金增加所致？
- 是市场投入垫付费用增大所致？
- 是应收账款不断增多所致？
- 是不断地增加固定资产投入所致？
- 还是其他？

这些数据都可以通过业务终端手机系统的后台查到，对比一下这三年的变化，给我一个确切答案。

第二天这位经销商回复了，他很惊讶地说：“投入的运营资金中的近 100 万元中，增加了 20 万元的应收货款，目前公司每个月的应收账款高达 50 万元，也就是每个月销售额中有 12% 的货款变为应收货款。”

而这些应收货款却常年不间断地给银行支付高额利息。那么，该如何降低应收账款呢？可以从以下五步入手：

（一）第一步：系统盘点，分区域、分业务

区域负责人盘点表，如表 2－3 所示。

表 2－3　区域负责人盘点表

区域	责任人	月销量占比	平均月销量	平均月应收账款	应收账款占比

区域业务员盘点表，如表 2－4 所示。

表 2－4　区域业务员盘点表

片区	负责人	片区网点	应收账款网点	应收账款网点占比	月均销量	月均应收账款	应收账款占比

盘点汇总：

- 区域负责人和业务员应收账款数据肯定有高有低、有好有坏。
- 既然有人能很好地控制，那么其他差的区域的人员也可以做到。
- 分别找最好的和最差的人员谈话，了解具体情况。

（二）第二步：应收账款必须与绩效工资挂钩

一个很简单的道理：员工只喜欢做老板考核的事情，并不善于做老板希望的事情。如果想快速达到目标，就必须将应收账款与绩效工资挂钩，但注意循序渐进，设定应收货款降低百分比，如首月目标由 10% 降为 8%。以下方法可以参考：

• 达成目标的区域和个人给予奖励，包括团队奖励和个人奖励。

• 未达成目标的人员，工资延时发放直到达成目标；

或者基本工资正常发放，绩效扣除，回款后补齐；

或者设立达成目标日期，逾期一天处罚 30 元，直接领导连带 50%。

（三）第三步：设立标杆，收缩应收账款权限

列出每名业务员的当月销售金额和应收账款金额，在全员会议上进行对比，找出做得好的和做得差的业务员，好的分享经验，差的描述落后原因。

应收账款权限必须收回，基层业务员没有权利执行应收账款权限，主管涉及应收账款部分也要加以约束，如限制金额或者限制家数，同时必须执行一店一议，单独设立台账记录。

会议中肯定有很多不同的声音。例如：有些客户会接竞品的产品，影响销量，有些客户就是不愿意账款现结，已经养成习惯了，不好纠正，有些客户有特殊原因等，此时经销商负责人要坚定信心，这件事情必须做。

会议定好主题是如何干好，而不是讨论干不干的问题，优秀者分享经验要简单易懂，不举特例，易操作、易复制的经验优先讲。

（四）第四步：不间断地跟踪和检核

区域负责人通过每日晨会、周一例会、月度大会，会会跟进的方式提升团队对应收账款的重视程度，及时发现问题和解决问题。

建议表格化追踪，每日工作结束后数据上墙，一目了然，主管经理计算团队平均值，用红笔标注优于平均值的人员，用绿笔标注劣于平均值的人员，形成氛围压力。

对于严重落后的人员要充分沟通是态度问题还是技能问题，如果是态度问题多做思想工作，多多谈话，但是如有负能量爆棚影响其他人员者，必须马上开除。

如果是技能问题，多多实地帮扶。尽量全款，现款现货，无法做到，退而求其次部分收款，收款比例逐渐提升。

（五）第五步：一段时间后，对客户进行总结，区别对待

根据资金实力和还款意愿将客户分为四大类型：

1. 资金实力强＋还款意愿强的客户

业务员正常结账，任何情况下不允许出现应收账款的先例，口子一开，后患无穷。

2. 资金实力强＋还款意愿弱的客户

提高收款频率，业务员和主管错位高频次催缴，隔三岔五地去收款，能收一点是一点，哪怕是在挤牙膏，也要养成现款现货的习惯，催收态度要好，做好高频次持久战的准备。

3. 资金实力弱＋还款意愿强的客户

这部分客户确实没有钱，当然要了解其供货渠道，可能是特通供货、政府采购等回款很慢的供应商，判断其价值。

首先，控制供货量，如果信誉好，做到不断货即可，切不可压货；其次，涉及的费用支持不予发放，可以冲抵货款或者结清后一次性发放；最后，如果该客户经营品项多，也可以在费用上设置现款现货的费用支持和应收账款的费用支持，不同的费用支持可以拉动客户有限的资金倾斜到自己的产品。

4. 资金实力弱＋还款意愿弱的客户

这些客户的价值一般不大，沟通最差的结果是：上打下，也就是本次供货必须将上次货款结清，不可出现两批货款未结清的情况。如果是

老赖，要采取必要的手段，通过报警或起诉的方式维护自身权益。

此项客户分类工作，业务员和主管要通过各种人脉侧面地了解客户的运营情况，尽可能准确、客观地判断客户意愿和资金，分类一旦形成，就按照对应策略坚定不移地执行，过程中可能出现销量下滑的情况，这是暂时的，不可放弃。

经过一个月的盘点、实施，这位经销商的应收账款由 50 万元降低到 35 万元，算是取得了阶段性的成功，对销量影响也不大，相信后期很快也能恢复。

传统渠道和现代渠道不同。现代渠道有明文规定，应收账款是无法避免的；传统渠道的应收账款管理起来并不难，主要还是销售团队的思维定式，以及之前不重视，店老板也就习惯了。

本质上终端店老板大部分还是有现钱的，只不过近几年市场属于买方，店老板感觉现款现货心理不平衡，如果不断催款，时间一久也会逐渐适应现款现货的方式。

【案例】打破医院渠道壁垒三步骤

和陕西一个小规模矿泉水品牌的负责人聊矿泉水如何突破壁垒的问题，他将自己的目标消费者锁定了几个人群，我们进行逐一的演练，即产品差异化、目标消费者、集散地、渠道、推广模式、市场支持、费用投入等，最终我给出的建议是**在医院渠道引爆**。

拿郑州市医院渠道举例。据调查，仅瓶装水的年销量就不低于 30 万件，由此可见医院售点巨大的消费潜力。

医院渠道销售品项多集中在礼盒产品和整件购买，经销商持续地深耕医院渠道对自己产品结构和毛利率的调整有着至关重要的作用。下面介绍医院渠道壁垒的突破之法。

（一）突破医院渠道第一步：摸清以下五个问题

医院渠道大部分产品具备礼品属性，即产品的使用者和购买者一般不是同一个人，产品的使用逻辑和购买逻辑需要分别梳理，品牌商和经销商要从使用者的角度出发（生理需求），营销工作重心转移到购买者（心理需求）上，重新定义消费者，避免目标客户出现偏差。值得提醒的是：**营销不可盲人摸象**。

医院网点在经营方面存在固有的合作关系，售点不一定愿意直接合作，阻力可能来源于医院后勤部门关系、店长及店内人员裙带关系、二级商赊销或者利益输入等。如果想建立合作关系先摸清门路，避免高费用投入，可以先借助售点供货商的资源进店，建立客情，然后逐步收回网点，以点带面，辐射全局。

医院售点营业面积小，产品结构很单一，你的产品要进入就面临着同类产品可能面临下架的风险。进去之前务必分析好同类产品的利润及费用投入，尽量精确地计算出你的核心优势，否则售点不愿意汰换产品。核心陈列位置的争夺要给予足够的重视，不同的位置产生的销量会天差地别。

医院的特殊性导致配送存在极大的挑战。售点不囤货，配送就比较频繁，店方要求配送及时，所以一天送几次货的现象很常见。

客情关系建立比较难，需要专人服务。业务员拜访要求做些非业务方面的工作很正常，可能时间比较长。由于生意很好，店内服务人员可能会隔三岔五地需要一些赠品或者促销品。

（二）突破医院渠道第二步：选定区域内高势能售点，打造样板

1. 锁定高势能售点

医院渠道高势能售点一般有以下几个特征：

潜在消费者多：医院规模大，医生、病人多，探病的人更多。

院内售点密集：便利店、餐厅、病房楼层两端小卖部多。

三甲医院优先开发：三甲医院消费者的消费能力相对较高。

2. 带着协议去拜访

医院渠道不要做试探性的拜访，要明确两点：**一是该渠道竞争激烈，产品要进去 90% 有费用；二是店内负责人见一次面不容易，见到了能静下来沟通几分钟也不容易，所以要准备好方案，也就是写到协议上的方案。**

协议上应建议明确：

固定费用：包括进场费用、固定陈列费用，促销力度，季度或者年度返利等（充分了解竞品情况，详细调研后方可做成条款，否则第一次沟通失败，后面就很难再沟通了）。

确定某个产品配送渠道的唯一性：也就是某个产品只能从你手里拿货。

确定价格体系的稳定性：医院渠道销量大，接货相对便宜，但不可为将货卖出去，扰乱市场价盘，零售价、整箱价格必须注明，避免店方高价影响动销。

3. 售点布建要精致

锁定主营产品：医院售点受营业面积的限制，不可能让你所有的 SKU 均进入销售，所以选出和渠道特征最匹配、最合适、最能满足消费者差异化需求的产品尤为重要。选好产品后要确保主推产品摆放在最佳陈列位置。

尽可能地投放特色货架：基于医院的特殊性，产品的使用者和购买者一般不是同一个人，消费者购买的关键要素是吸引眼球，所以要尽可能多地投放带有品牌 logo 的货架或特陈点。建议最好根据店情定制货架，确保产品陈列面最大化。

物料投放要有主题元素：医院也是品牌传播的重要窗口，产品包装要设计独特的视觉效果，如结合品牌 logo 设计标注“祝您早日康复”“祝您身体健康”等标语，让送礼的人感受到厂家的有心，让收礼的人感受到送礼人的用心，这样才能真正地走入消费者的心里，让口碑传播更高效。当然，基本的生动化布建不可缺少。

售点陈列的四个跟进项目：

- 新店陈列开发数量。
- 买断陈列家数。
- 货架、冰柜、地堆等陈列数量。
- 特陈位/多点陈列点数。

4. 人员配置、拜访及绩效考核

人员配置：基于医院售点的特殊性（销量高、院内售点集中），可以按照月度销量和利润贡献率进行人员配置，确保售点客情的持续稳定。

拜访要求：优质售点旺季要做到一天两访（如矿泉水在 6 月—8 月甚至一天早、中、晚三访，确保冰柜及时补货），普通售点也尽可能地做到最低一天一访。

绩效考核：

- 销量指标：医院渠道的销量来源于竞品的有效积压，所以是业务能力体现，业绩占比要重，不可低于 50%。
- 品项考核：医院可进入的单品少，单品进入费用高，所以 SKU 不可丢失、不可断货，考核要细分到各个品项的达成。
- 生动化考核：陈列位置、品项要求、生动化物料、安全库存等列入检核绩效，占比不低于 30%。
- 空白网点开发考核：医院内要求无盲点，在规定时间内拿下所有售点。
- 增量重奖：“三比原则”，比同期、比上个月、比竞品，只要有增长就重奖。

（三）突破医院渠道第三步：由易到难、由大到小、快速复制

1. 梳理样板医院的开发过程

集中讨论样板医院渠道的开发过程，包括但不限于店情摸排、竞品调查、客情沟通、协议拟定、售点布建、人员考核、费用投入、费率分析等过程，要求参与人员全部进行讨论，形成文案，加深团队记忆。

2. 梳理区域所有医院的信息

这次要做区域医院市场的详细调查，包括但不限于医院规模、网点数量、配送商情况、负责人情况、是否经营本品、本品销量、本品政策支持及价格，是否经营竞品、竞品销量、竞品政策支持及价格。

3. 由易到难、由大到小、快速复制

样板店建成后，要的就是速度，快速进行复制，网点开发要遵循由易到难、由大到小的原则。无论是团队士气，还是样板店的市场影响力，都经不起耽搁。

关于市场费用，只要是一次性投入（非周期性投入）市场布局的速度比多投一点费用重要；关于人员奖励，奖金要让开发团队真正动心；关于客情费用，要让店内负责人及服务员喜出望外。

总之，一切要速度。医院售点标准化做出来之后你就会有一种“相见恨晚”的感觉。

4. 提高影响力辐射周边市场

医院渠道是特殊渠道的一种，做好一家医院就可以影响周边市场（事实上，周边的售点也是围绕医院做销售输出），借助医院售点的势能，以点带面，快速连片。

总结：医院渠道的开发有三点：**一是做试点，目的是寻求匹配市场的操作模式；二是做复制，将成功模式快速复制到区域所有的医院售点；三是做影响，利用医院的影响力打造以医院为圆心的样板片区。**

对于品牌商而言，细分市场可以划分一个医院经销商，尤其是省会城市。如果医院渠道开发得力，销量不会低于一个普通的县级市场。

【案例】如何抢夺校园市场做增量

校园市场是相对封闭的环境，是相对集中的消费群体，是相对较高的消费能力，是快消品行业非常重要的一块蛋糕。

抓住学生的消费导向，就相当于抓住了未来成熟消费者的消费导向，从学生时代开始孵化后期家庭时代的消费群体。下面介绍校园渠道较为高效的增量推进办法。

（一）简单粗暴行之有效的办法：买断门店

对于校园而言，目标消费者比较固定，流动性不大，所以消费品总量也相对固定，**买断门店是见效最快的办法。**

核心思想：以现有售点为中心，通过买断售点，调整陈列的方式，以点带面提升单点卖力，进而建立产品销售大本营，以蚕食的方式将竞品挤压出校园。

1. 门店盘点分析

一个校园会有若干终端售点，但不同售点的卖货能力有天壤之别，所以**打击竞品、提升销量的核心是锁定 TOP 门店，如果可以将 TOP 门店的竞品挤出消费者的视线，对于竞品的打击必然是致命的。**

因此，准备工作首先要启动对所有售点实际销货能力的盘点、客情盘点、本品和竞品资源投入对比盘点。

2. 买断 TOP 店

盘点完毕锁定售点后，要进行售点买断。买断有以下几个原则：

全品类买断。同一品类产品专卖，需要建立利益链对校园关系实施市场干预，在三线以下城市实现较为容易，关键是利益链和客情。

主打产品专卖。如校园里某品牌牛奶某几个 SKU 专卖，实现的关键是费用投入。

价格带专卖。如校园餐饮渠道，2 元价格带的饮用水只卖某一品牌，实现的关键是单品利润比竞品高很多。

重点陈列位置专卖。如校园超市里最容易吸引消费者的地推、货架等买断争取第一销售机会，实现的关键是费用支持。

3. 陈列展示最大化

买断 TOP 店之后，第一时间将陈列做出来。首先，要确保签订的费用协议中的陈列面积、位置、生动化物料等不可缩水，保质保量完成；其次，要尽可能地挤压竞品的生存空间。核心原则是：

- 饱满的货架为产品展示和销售面。
- 库存以地堆的形式陈列店内，做囤货和整件销售。
- 相关的助销设备，类似于冷风柜、冰柜、收银台周边小货架等，作为多点展示售卖区域。

4. 主销超级单品要凸显

每一个品牌都会有几个代表销量或者品牌的产品，陈列展示最大化后的首要工作就是要不断地调整单品的位置，确保位置好、牌面大，生动化强。例如：某品牌有两个爆品，那么建议这一周这个爆品站主位，下一周另一个产品站主位。

值得提醒的是：**最好的位置一定要给予销量最好的产品，更加方便学生购买，产生更多的销量，否则市场费效无法支持你一直做下去。**

（二）不间断地做消费者沟通活动

有一点要明确：**学生是特殊的消费群体，具备良好的接受新事物的**

能力，品牌灌输做到位，影响的不仅仅是这个消费者，尤其是大学以下的学生，还影响包括其父母兄弟等一个家庭的消费者。

放大线上音量做活动宣传，锁定线下主题做活动推广，线上线下有机结合，锁定学生粉丝团，将粉丝转化为消费者。

1. 放大明星的影响力

很多品牌商都会找流量明星做代言人，如果谈及明星的价值，那么实现人气流量转化率最高的场所就是学校。

学生是明星强大的粉丝群体，流量明星周边意味着有看不见、成倍数的潜力销量，让产品和明星结合一定会有不错的销量。此时操作的核心是将明星和产品结合的照片放大张贴到校园的各个角落。

2. 要做有声音的线下主题活动

校园充满了青春气息，活动主题要与之相结合，如女生节活动、校园运动会、校园篮球赛、集体去踏青等。如果品牌代言人最近参加什么综艺节目，将其复制到活动现场也是绝佳的主题。

值得强调的是：**活动主题是产品赋能，是消费者引流的方案，将产品的差异化卖点通过主题活动传播给消费者才是活动的核心价值。**

校园主题活动有以下三点注意事项。

一是活动选址：在校园内进行的促销活动首先要选好位置。上下课的必经之路、各个宿舍的交汇之道、各个大小门附近等，学生出入较多的地方即为优质选址地。在初步确定后，要记得与学校的相关管理部门协商备案，以征得校方的同意。

二是活动形式不可千篇一律：一般的促销活动，要么是设点展示产品及发放宣传单页，要么是播放介绍音频进行现场咨询，或者是试用试吃。

在校园进行促销活动时，由于受众是学生，学生的思维及爱好都比较时尚，喜欢新颖、好看、有趣的东西。在举行促销活动时，应结合学生的特性选择合适的促销方式并进行布置。

三是天气选择和安全防范：在选择促销的日期时一定要注意查看天气预报，尽量避开大太阳和暴雨天。一是本身运输不方便；二是这种天气出门的学生会很少，促销效果肯定会大打折扣。

安全是开展任何活动的首要且必要条件。在促销活动准备和进行的时候，要注意相关物品的安全隐患，当人流量变大的时候更要注意，避免发生踩踏拥挤等安全事故。

3. 主销常规产品推荐活动坚持做

例如：你经营的产品是方便面，那么在餐厅早、中、晚饭时刻要设立驻地促销员，死守面类餐厅，进行产品推广及消费者拦截；对校园宿舍区域也进行重点部署，以迎接晚自习之后的购买潮。

4. 大日期产品的消化渠道

校园是消化大日期产品的绝佳渠道，设计好促销力度，会吸引以宿舍为单位的集中购买，可以定期将整个市场的大日期产品回调至指定售点，在周末做限时特价，既可以让学生花较少的钱体验到产品，也可以保持区域市场整体货龄的新鲜度。

（三）打造样板店，辐射周边市场

广义的校园渠道，可以分为校内渠道和校外渠道。校外渠道，主要是指以校园为中心、一定距离为半径的圆内的售点。做好校园渠道就是要做到内外统一，其核心是**校内做样板店，校外辐射周边区域消费全体**。

1. 校内做样板店

样板店是品牌宣传的窗口，除产品陈列、生动化外，更多的是品牌布建，常见的有门店店招、店内包柱、店顶吊旗、出入口包门等较为大型的品牌展示贴，要求从整体效果入手，突出品牌主题形象，力求打造的样板店风格统一、不留死角、全面装饰。

随着教育部“去商业化、去品牌化”的校园要求，品牌店的布建难度越来越大，但是机会总会有的，如店内翻新装修，因势利导便可以渗透很多品牌元素。

2. 校外辐射周边市场

校园周边市场的主体是为学生服务，如果校园内部市场的基本功扎实，辐射周边就是水到渠成的事情。

值得提醒的是：**校外渠道要做好中饭和晚饭时间段的消费者引流工作**。这个时间段学生会出校逛逛，吃喝随机购买，校外门店陈列要以“易见”“易取”为核心。在条件允许的情况下，这些时间段可以用小促销台布置场景，安排驻店促销员。

写在最后

校园推广是一个慢功夫，私立学校相对简单，以市场为导向，而公立学校很多时候不是单纯的商业行为，需要经销商老板亲自出面协商关系。

我的经验总结：

单价较高的产品：如今品牌商出新品单价比较高，如550ml矿泉水的零售价是6元/瓶，优先在高中校园推广，最好是高中私立学校，这个层级的学生消费能力最高，远远高于大学校园。

费用优先投入军校、检察官、警察等高校：这些校园封闭性强，容易锁定专卖，在短时间内容易产生销量的高增长。大学推广的核心因素不是该校是否为名校，而是取决于在校学生总数。

免品活动不要疏忽初中学生群体：只要产品特性灌输成功，这部分学生最容易影响家人，成就一家忠诚度高的消费者。

不要小看幼儿园和小学校园：尤其是在放学时，家长接孩子回家的等待期，可以做很多市场推广的事情。

【案例】通过跨界联盟提升获客量

从消费者层面，品牌销量增长只有两个维度：一是购买产品的消费者越来越多，简称产品获客量越来越多；二是消费者购买产品的数量越来越多，简称客单价越来越高。

产品销量 = 获客量 × 客单价

对于经销商而言，销售目标是逐渐递增。与此同时，由于受市场大环境影响，销售费用却逐年递减，导致传统的促销战、价格战获客模式不再灵验。如果目标消费者不增长，销量就不可能持续且有质量地增长，可是从哪里可以提高获客量？怎么操作？

就获客量问题，谈一下品牌商、经销商如何打破传统思维换维竞争，通过跨界联盟提高产品获客量。

（一）品牌联盟：寻找异业合作机会点，发掘更多可以整合的客户资源，实现双赢甚至多赢

案例：矿泉水和饿了么联合推广，实现双赢

我曾服务于一家矿泉水企业，由于品牌力有限，只局限于某些区域，所以消费人群有限，提高获客量迫在眉睫。

2018 年七夕节前夕，想利用中国情人节做几场活动增加获客量，但是自己单独搞，由于品牌力弱没有影响力，且大型商圈很难谈或者费用太高，所以成功的可能性比较低。

于是，市场部负责人开始寻找品牌联盟，实地了解七夕节期间重大商圈活动场地的租赁情况，尝试沟通联盟做活动，最终确定和饿了么平台一起推广。

当时活动做得很大，费用很低（场地费由饿了么平台支付，我们只赞助其活动现场演出人员和工作人员的矿泉水），后期赠送饿了么办事处几十件矿泉水维护关系，换来的是在局部市场矿泉水借助饿了么平台进入很多餐饮店。

总结：品牌联盟要做到三点。

找资源：只要具备合作的可能就列入备选名单，尤其是跨界合作资源，行业竞争小，更要重视。

试资源：没有谈不成的合作，只有谈不拢的条件，多做尝试会有意想不到的收获。

借资源：一旦建立第一次合作就要多方面沟通，增进情感，借力“压榨”对方的“剩余价值”。

（二）推广联盟：跨界联合推广促销

案例：农夫山泉与某品牌速热型饮水机联合做社区推广活动

农夫山泉一直在布局社区用水渠道，在中高端社区大量投放可以售卖家庭用水（4～5L桶装水）的自贩机，但是起初效果并不理想。原因很简单，消费者饮用和加热都不方便，尤其是小孩和老人喝水，4L桶装水拎不动。

为了解决这个问题，农夫山泉和某品牌速热型饮水机（机器非常便利，水插到插口处，按键自动出水，自动加热、温度可控）联合做社区推广活动：

- 买速热型饮水机送农夫山泉。
- 买农夫山泉送速热型饮水机。
- 一次性交纳一定金额，既送速热型饮水机，又送农夫山泉，几波促销下来，农夫山泉的社区销量有了明显提升。

总结：推广联盟需要注意三点。

- 联盟产品，在行业里面的品牌力相当。

- 推广活动场所具备重叠性。
- 推广产品要相辅相成，彼此满足。

（三）客情联盟：提升服务意识，要服务好客户，更要服务好客户的员工

案例：区域市场，伊利与中国电信的合作

牛奶已经是人们日常生活中不可或缺的一部分。在某区域市场，伊利的经销商和电信有过几次赞助活动的合作。在合作中经沟通发现，电信员工中很多人对牛奶的需求量特别大，于是这位老板决定给予该市场区域电信所有员工特惠价格（价格低于市场零售价的团购产品），常年供应。

随着公司和公司、员工和员工客情的不断升温，年终惊喜从天而降，电信年底回馈重点客户，积分可以线上线下兑换礼品，伊利产品系列成为积分兑换的首选目标，元旦前后消化产品6000余件。

总结：客情联盟需要关注两点。

- 联盟不仅仅是公司之间的事情，公司员工更加重要。
- 深入沟通，喜从天降。

（四）生态联盟：组织聚会，扩大影响，建立“老板营销群”，获取更多的合作资源

案例：某老板日常活动中的礼尚往来

中国的生意圈更像是礼尚往来的人情圈，讲究彼此成就、共同进步，老板会有很多的客情要送，只要用心记录，合作机会无处不在。

一位矿泉水经销商老板通过朋友聚会认识了某体育运动中心主任、某国际品牌折扣公司总经理、某高端餐饮公司老板，茶余饭后聊天之际介绍了自己产品的优点，并承诺次日赠送一批做试饮。

过了一段时间，其总经理提醒这部分潜在客户赠送的水应该已经饮

用完毕，需要再次赠送，随后的第二次赠送发生了质的变化：**体育运动中心成为该品牌矿泉水的品牌窗口和专卖中心；国际品牌折扣公司搞大型户外活动，邀请该品牌矿泉水进行免费宣传（不出场地费），该品牌矿泉水顺利进入这家高端餐饮公司。**

总结：生态联盟需要关注两点。

- 彼此成就，共同进步。
- 品牌联盟，合理前行。

（五）渠道联盟：打破传统的营销思路，打通“线上、线下、社群”三度空间

案例：冰红茶与夜店联盟的合作

大日期产品一直是经销商的一大难题，虽然通过一些措施可以降低其产生的概率，但是要想实现零产生，几乎不可能。所以，每一位经销商必须找好处理大日期产品的下水道，规避利润的流失。

做康师傅冰红茶的经销商在一次聚会中认识了当地某酒吧的老板，得知该酒吧对冰红茶的需求量很大，大部分产品用来买酒赠送，只要在保质期之内，外包装不影响售卖，大日期冰红茶均可到该酒吧消化。

随后，这位经销商以低于出厂价的价格将市场上大日期产品调回在该酒吧售卖，一方面降低了大日期产品的处理费用，加深了市场终端店客情，为推广新品增加了信任背书；另一方面与该酒吧建立了长期的合作关系，并挖掘到了更高的价值。

该酒吧老板是当地夜场协会的会长，经过资源整合，后来实现了该经销商经营的全部饮品上架酒吧协会 B2C 酒水平台，同时在酒吧爱好者微信群不间断地推广社区团购。

总结：渠道联盟需要关注三点。

- 渠道换维联盟，了解渠道消费需求，酒吧冰红茶很少直接饮用，

多数用来调酒。

- 深挖渠道价值，不仅仅是传统的线下价值，还要打通“线上、线下、社群”三度空间。
- 合作的基础是彼此建立信任，互利共生，合作共赢。

写在最后

跨界联盟有如下好处：

- **高效新增网点，增加品牌受众。**
- **联合推广，降本增效。**
- **建立品牌生态圈，合作共赢。**
- **提升品牌力，建立品牌口碑，带动销量增长。**

在传统市场环境下，产品获客渠道的竞争越来越大，获客量也越来越低，**品牌商和经销商只有充分做好跨界联盟，换维竞争，方可长期有效地获得销量增长。**

第三篇

数字化管理势在必行

一、数字化转型，别无选择

近年来，企业数字化转型一直是人们的口头禅，正如马云所言：**“未来十年是传统企业数字化转型的最后十年，如果你今天不准备变革，十年后我相信你一定是数字脱贫的对象。”**

2020 年的新型冠状病毒感染的肺炎疫情，让上到国家政府部门、下到中微企业都加快了数字化转型的节奏，部分企业马上成立了数字化转型业务部或者由其他类似于创新营销事业部等部门负责组织推进。那么，在企业轰轰烈烈的转型中有哪些重要事项呢？下面就快消品行业谈谈我的看法。

（一）数字化转型的根本是解决生意问题

很多企业数字化转型，将企业的管理和内部的数字化工具系统打通放在第一位，但是很快发现这条路根本走不通。

无论是经销商还是终端网点，首要解决的是生存问题，他们更关心客户在哪里的问题，而不是客户来了怎么办的问题。

无论用什么工具和方法，如果不能够帮经销商和终端网点解决最终的赚钱问题，他们是不可能用该工具和方法的，这也直接导致了转型的失败。

数字化转型更多的是运营思维模式的变化，企业带动，经销商跟随，实际操作中最大的阻力是经销商思维的变化，尤其是老经销商变革，先通过数字化让经销商感受到变革带来的红利，这样才能加快转型步伐。

这个红利从哪里来？需要从两个方面着手准备：

一是建立统一认知。

数字化转型的基础，归根结底是大家在认知上的统一性。关于数据化工具或者系统，可能会在很短的时间内建立起来，但要解决公司内外上下认知的协同，却是一个持久的过程。从根源上讲，数字化转型的成功与否就是看大家在认知上能不能达成统一。

二是需要通过激励加以引导，不可强行转化。

例如：数字化运营可以设置龙虎榜等分级激励制度，打造明星经销商数字化，潜移默化地影响其他经销商。

数字化运营前期一定不能求全求快，局部动作，逐步放大，我们鼓励厂商拥抱时代的科技进行数字化转型，但也要避免运动式的盲目大干快上，先让部分经销商得到激励，从而凝聚所有经销商对数字化的信心和共识。

（二）数字化转型过程要分轻重缓急

数字化仅仅是一个转型，不是企业战略，是配合服务实现企业战略的一种途径或者方法，所以这个过程是有轻重缓急的，要注重眼前，解决当下。

1. 注重眼前，实用为本

首先一定要想明白，数字化在今天、明天、后天最适合用在什么地方？例如：企业现在已经成功做成一个样板市场，目前的紧要工作是将样板市场进行全国复制。

数字化，最关键的作用就是进行数字化建设样板市场模型，包括区域市场入口、可支配收入、不同 SKU 在不同通路属性的动销情况，以及目标消费者的数字化画像（年龄、收入）等。

2. 全局统筹，分步推进

以生意的本质如何经营为目标，分阶段推进过程目标，如某企业现阶段的主要工作是招商，此时数字化转型步骤便是如下五步。

第一步：建立目标经销商数字化模型（产品数字化、渠道数字化、经营规模数字化、市场销售容量及利润容量数字化等）。

第二步：货物需求数字化（通路属性数字化、首批产品进店数字化、进店 SKU 数字化等）。

第三步：目标消费者模型数字化。

第四步：消费者沟通数字化。

第五步：正常运作不可避免的情况（大货龄、产销协调等）数字化。

3. 优先等级，精准赋能

这里强调两个维度：

第一，哪些关键领域是可以帮助业务提高质量的？

第二，哪些关键角度是可以帮助组织增效的？

这些能帮业务提质和组织增效的关键领域，要优先拥抱数字化转型，其他在现阶段属于不痛不痒的、不是紧迫关键的，要往后放，人的精力有限，不要过多、过快地展开多种数字化转型工作，眉毛胡子一把抓必然是失败的祸根。

4. 明确目标，做好规划

一切准备就绪之后，要有一个分阶段完成的过程图，大家达成一致观点，以过程中的终点为目标，稳扎稳打，逐步推进。

（三）数字化转型要先抓人，后抓事

组织的改变是强有力的改变。所有的企业都在喊客户至上，又有多少企业在组织架构上做出了大刀阔斧的调整？

数字化转型亦是如此，企业喊着数字化很重要，却让从属于行政部的 IT 部门推动这项工作。员工看到负责维护电脑和网管的部门推动一项变革，自然不会重视它。

传统快消品企业要想实现数字化转型必须将其作为“一把手工程”，数字化人才组织转型的首要条件是自上而下获得最高管理层的支持。

也就是企业“一把手”要深刻认知到数字化转型不是选择题，是目前的必经之路，是企业全部人员的一种蜕变和升华，要明确目标，坚定信念，这样在转型之中遇到的挫折才不会偏离目标。

要有明确的数字化转型框架，并为框架添加组织架构，最后优先上专业人才。

现在的情况是，对于数字化人才的定义非常广泛且多元。目前仍然缺乏一套标准的人才培养、供应、输送和评估体系以适应社会发展的需要，企业首要之事就是根据当前最迫切需要数字化赋能的事情结合企业现状培养相匹配的人才。

面临的挑战主要有：

- 数字行业从业人员的水平参差不齐，合格的数字化人才紧缺，一些新兴的数字化人才因受传统就业观念的影响，择业时或会放弃，所以无论是内部培养还是外部招聘都有很大的压力。
- 数字化知识和科技更新迭代的速度太快，人才技能发展计划赶不上变化，所以技能提升体系要不断完善，这不是一个类似于人事部门的组织可以做到的，需要全部门的配合。
- 数字营销从业人员的流动性较大，知识资产无法积淀，所以专业人才的“情感”和“面包”要给到位。
- 对于阻碍数字化转型的力量，越快清除越好。在推动数字化变革时，肯定会有大量消极推动变革的中高层经理被革职。

如果把员工按照业绩表现高低和文化认同高低分成四个象限，**最危险的就是高业绩表现和低文化认同的员工，他们是蚕食企业大厦的“白蚁”。领导一定要尽早识别出这些人并敢于让他们离开。**

写在最后

快消品行业企业数字化转型是业务、组织、运作流程和IT技术的统一协调改变，因此需要充分协调全部相关资源，这样才能保证转型有效落地。

不是搭几套IT系统，也不是炒作几个新的概念，而是利用数字化技术战略调整、业务重塑，是居安思危，是可持续发展的前提，是企业自我提升的动力，是蜕变化蝶的过程。

就像方刚老师朋友圈里的一句话：目前数字化转型正在轰轰烈烈地进行，不是渐进式改变，而是覆盖式的替换！有数字化武装护体，有互联网巨头平台数据赋能开挂……

商业的本质就是信息不对称，因为数字化，我比你看得更清、更快、更远……已经看清你的底牌，你却还不知道我在哪儿？这游戏注定没法玩……

二、业务员同时装 5 个 App，能做好市场吗

随着渠道数字化软件的普及和进步，越来越多的厂商意识到终端系统的重要性。于是，几乎所有的品牌商均要求自己的业务员，在日常工作中使用自己的终端手机系统，否则就会对经销商采取“措施”。常见的“措施”有：

- 使用不达标，市场费用无法核销，企业不予支持。
- 使用不达标，经销商业务无法制定考勤，无法支持底薪。
- 使用不达标，网点、库存、配送及时性等数据不全，甚至招来处罚和闭户。

经销商也苦恼，代理单一品牌的风险太大，部分品牌商换经销商就像换衣服，淘汰理由有无数个。

于是，便出现了“共享业务”，经销商迫于品牌商的压力，青睐品牌商的业务底薪和市场费用，只能要其下属业务员一人多系统，就是一名业务员拿手机同时使用多个厂家的终端系统 App，到了终端店一顿乱拍照。

我曾经拜访经销商后发现，最夸张的是一名业务员手机里同时安装了 5 个品牌商的 App，协同走访终端店，光门头照（门头加自拍）就拍摄了近一分钟。

随身带着一个超大容量的充电宝（终端系统登录比较耗电），进店之后一顿操作猛如虎，拍照就占据了超过一半的拜访时间，工作效率大大降低，业务员苦不堪言，经销商苦不堪言，品牌商也苦不堪言。

那么为什么要使用终端系统？如何正视终端系统的价值？

（一）终端系统是一个工具，需要营销思维赋能

很多厂商朋友将终端系统过分神话，以为只要选择了一款合适的终端系统，就可以大幅度地提升业绩，信赖和依赖终端系统，部分系统供应商也在神话其系统的功能。

例如：某系统软件宣称可以实现企业销售管理自动化和智能化，这纯属无稽之谈。

终端系统软件只是一个工具，就像吃饭用的餐具、写字用的纸笔一样，通过工具实现目标。

对于快消品而言，这个工具的作用是**根据产品差异化特征设计动销逻辑，然后落实到一线人员的日常工作，并达到不断跟踪、检核和激励的目的。**

其核心是，产品营销的策略通过终端系统工具来高效实现，没有营销策略的终端系统是没有灵魂的，不赋能营销策略的终端系统软件供应商的价值感是极低的。

备注：无论是企业内部的信息系统，还是外部的信息系统，最重要的是 IT 不懂业务，业务不懂 IT。原来我们都说 IT 支撑业务，只有你比企业更懂他的生意，才能实现用 IT 引领业务，才能充分实现终端系统的价值感。

简单举一个例子：经销商在使用一款终端系统，先设计自己产品的动销逻辑，然后通过软件来管理，以实现增量的目的。

张三在经营一款方便面，7 月设计的动销逻辑是一箱方便面捆绑一个洗脸盆，然后要求放到终端店门口，并且做好详细的活动促销告知。

政策制定后通过系统实现：

- **业务员的面 + 盆的网点铺货率可视化。**
- **面 + 盆的陈列标准、位置、促销信息告知及陈列的真实性可视化。**

- **面 + 盆终端的库存及动销情况可视化。**
- **面 + 盆的拜访频率和质量可视化。**
- **检核面 + 盆的组合，并发放人员激励。**

这些操作是通过系统完成的，管理人员不可能长期在一线，通过系统工具实现渠道的可视化，把渠道、终端、人员等动销逻辑置于可视环境。

决策者通过可视化的数据、图片等发现终端机会，进而指导并调整一线人员下一步的工作开展。这是工具的价值，但是动销策略必须是销售管理人员经验智慧的结晶。

（二）终端系统的核心不是管人，而是管事，重在业绩提升

很多厂商使用终端系统的目的是约束业务员为自己服务，或者让“共享业务”的工作重心偏向自己的品牌。

这是极大的误区。终端系统的核心不是过分地监督和管理（当然人总是有惰性的，监督和管理必不可少），而是如何有效地提升业绩。

常见的厂商误区是，**销售管理部门将太多的精力放到业务员拜访家数、拜访成功率、成交金额、工作时间、店内工作时间、在途时间占比等销售基础工作上，而恰恰对店内业务员的动作、本次和上次店内陈列对比等关乎产品动销的事宜关注不够。**

刘春雄老师曾经提出：业务员在渠道产生的问题，由其向上汇报，然后自己解决问题。一旦出现问题，这就是一个死循环，无解。

这是快消品行业普遍存在的问题，也是管理思维的一大弊病。通过终端系统管人，最终得到的是结果上报，花费了大量费用，投入了大把精力，得到的结论是坐实了自己没有做好的证据，事事落后。

通过终端系统管事，得到的是以目标为导向的过程管理，时时发现问题，时时解决问题，进而收获理想效果。当然，任何事情不可走极端，要有主次之分。

终端系统管人的逻辑是一线作业人员的金箍，也就是挑毛病和预防

犯错；终端系统管事的逻辑是一线作业人员的好帮手，更在于发现和帮扶业务市场作业困难，通过有效激励或者政策支持实现业务业绩目标。两者对于一线人员的喜好度截然不同。

（三）整合优化，降低烦琐，提高人效

一个成熟的终端系统软件好比是一把瑞士军刀，有上百种功能，但并不是做每一件事情都会将其全部功能都使用一遍。

终端系统软件也一样，功能虽多但要因地适宜，选择自己需要、紧急且重要的功能先用起来，再逐步升华或者功能汰换。

我曾经见到一位经销商，寄予系统的期望值太高，刚接触系统就要求下属全部使用，拜访、订单、仓储、配送、账务等功能同时打开、同时使用。

脱产培训三四天，在实际使用过程中依然错误、漏洞百出，业务员叫苦连天，人效大大降低，气势低落，离职率攀升，2 个月之后不得不叫停，后期由于业务员对系统的厌恶程度无法消减，不得不更换系统。

实际上，任何事情都要循序渐进。例如：市场上你和竞品势均力敌，此时你开通竞品对比功能，管理者即可时时关注竞品动向；业务员终端机使用已经熟练，就可以添加进销存功能，管理者可以时时监控仓库及终端店的库存状态和动销情况。

在这里，也呼吁一下终端系统供应商，一定要让研发部门亲自到市场一线去体验，实际去感受自己系统的流畅度和烦琐度，尽可能地做到模块整合。

让一线作业人员单击系统的次数降低，一个店少操作一次，一天少操作 30 次，一个月少操作八九百次；尽可能地做到系统使用流畅，不要在使用过程中出现处于等待状态。

三、没有数字化经销，便没有盈利

今天的快消品行业在互联网的加持之下，日新月异。互联网的本质就是分享、互动、虚拟、服务，而“互联网 +”背后的本质就是“数据的流动”。

互联网让数据流动起来，在企业、人、设备三者之间产生了自由流动。随着互联网的不断渗透和影响，品牌商的数字化转型已经进入深水区，由此拉动经销商数字化转型也要进入落地实操阶段。

部分经销商可能会说，我现在的生意很好，不需要数字化。但在笔者看来，如果上游的品牌商已经开始转型，时间久了就涉及相互匹配的问题，匹配度低了，厂商散伙就快。

也有部分经销商会说，已经按照品牌商的要求给业务员配置了终端机，也算是开始了数字化。事实上，终端机只是数字化转型的起步阶段，仅仅完成了对市场数据的采集。

真正的数字化是在采集数据的基础上，对数据进行研究，进而得出市场的竞争格局、策略目标、生意高效模式、下一步工作方向等。

就数字化方面而言，经销商最关心的三件事：

- **如何通过数字化高效赚钱？**
- **如何通过数字化提高费效？**
- **如何通过数字化管理人效？**

(一) 经销商高效赚钱之一：数字化调整经营结构

大约在五年前，人口红利还没有消失殆尽，快消品行业的整体都在增长，经销商有一个潜意识：卖得多赚得多，只要销量上去，利润自然而然就上去了，因为增量可以弥补一切。

现在的市场情况发生了变化，经销商普遍感觉到销量逐渐增加，年利润逐渐降低，这是典型的只拉车不看路，典型的缺乏数字化分析。

1. 提升毛利率之调整渠道结构

提升毛利率之调整渠道结构，如表 3 – 1 所示。

表 3 – 1　提升毛利率之调整渠道结构

单位：%

渠道类型	现代渠道	传统渠道	批发渠道	特通渠道
同一产品毛利率	A	B	C	D
销量占比	E	F	G	H

习惯上，很多经销商将自己的渠道分为四种类型。很显然，A、B、C、D 是不相同的，不同的产品，渠道毛利率也不相同，那么就得到经销商年销量逐渐增加而年利润逐渐降低的一种解释。

例如：2019 年销售额 100 万元，80% 销量来源于传统渠道，2020 年销售额 130 万元，50% 销量来源于批发渠道，销量同比增长 30%，但是 B 远远大于 C，年收益必然会降低。

因此，经销商此时一定要借助业务员采集回来的市场销售数据，分析渠道销量占比和渠道利润贡献占比，只有通过数字化分析将这两个基本数据搞明白，才能掌握下一年的发力方向，才能规避量增而利降的情况。

常见的操作方式是：

a. 聚焦资源，让高毛利率销售渠道产生更多的销量。

b. 自己成为高毛利率销售渠道细分市场的榜首。

c. 市场份额绝对位列第一，遥遥领先于第二名，努力做到在高毛利率销售渠道市场份额是第二名和第三名的总和。

2. 提升毛利率之调整产品结构

提升毛利率之调整产品结构，如表 3－2 所示。

表 3－2　提升毛利率之调整产品结构

单位：%

产品类型	A	B	C
产品毛利率	D	E	F
下一阶段毛利率	G	H	I

快消品行业的从业者都明白：不同产品的毛利率是不同的，同一产品在不同阶段的毛利率也是不同的。

产品一般有四个时期：导入期、成长期、成熟期、衰退期。其中，导入期的毛利率最高，成熟期的毛利率相对较低。所以影响产品毛利率的因素主要有两个：一是产品类型；二是产品所属的阶段。

那么就得到经销商年销量逐渐增加而年利润逐渐降低的两种解释：

第一种，2019 年产品 A 属于导入期，销售额 100 万元，产品毛利率 D，2020 年产品属于成熟期，销售额 150 万元，产品毛利率 G，如果 100 万元 × D ≤ 150 万元 × G，利润必然降低。

第二种，2019 年销售额 100 万元，主销产品是 B，2020 年销售额是 120 万元，主销产品是 C，如果 B × E≤C × F，利润必然降低。

此时，经销商要根据数据分析每一种产品的毛利率和销量占比，以及根据年销量和竞品情况分析产品的发展趋势，只有把这些数据搞明白，才能知道今后销售产品的重心在哪里，哪些产品是盈利主力。

常见的操作方式是：

a. 资源和精力向重点高毛利率产品倾斜，提高高毛利率产品的销售占比。

b. 经销商要明白，品牌商只有在新品推出的时候，给予渠道的毛利率才是最大的，虽然难，但也是最赚钱的时刻。

（二）经销商高效赚钱之二：数字化稳定产品价盘

在产品同质化、过剩化的今天竞争日益激烈，我们不难发现，一般情况下产品的价格越高，创造的利润率也就越高，但是产品的销量就会越低，而利润 = 毛利率 × 销量。

此时，利润就像一条抛物线，从起点走到最高点后，又落到起点。最高点就是经销商利润最大化的点，此时销量和毛利润正好最大化。如何达到最高点呢？此时就要通过数字化分析市场。

例如：统计产品在不同价格段所创造的利润，最终确定产品的最佳售价，如表 3 – 3 所示。

表 3 – 3　不同价格段的利润

价格	A1	A2	A3
销量	B1	B2	B3
毛利率/%	C1	C2	C3
利润	D1 = B1 × C1	D2 = B2 × C2	D3 = B3 × C3

此时只要比较 D1、D2、D3 数据的大小即可确定最佳价格方案。值得注意的是：市场随时在变化（竞品的价格、供需关系等），所以定价方案也要不断更新以适应形势，前提是价盘必须稳定。

1. 稳定价盘之数字化内外部窜货预警

快消品行业有一句话：窜货可耻，被窜无能，窜货必低价。那时互联网并不发达，如今不一样了，一个终端机绑定了终端，对下属终端店进行时时监控，一旦出现阶段性销量异常，便会警示作业人员，如表 3 – 4 所示。

表 3-4　下属终端店销量情况

终端店 A	1 日 -10 日	11 日 -20 日	21 日 -30 日	1 日 -10 日
销量	50 件	60 件	20 件	10 件
备注	正常	正常	异常	异常

注：30 日出来终端店数据，次月 1 日就要查找落实异常的原因。

窜过来的货需要终端店消化，而终端店的销量基本上是平稳的，突然一个月不接货，基本上可以判断为四种情况：**该店经营异常；发生客情或者客诉危机；售卖其他替代品；售卖窜货。**

对于异常情况，管理人员一查便知。外部窜货通知品牌商并通知工商部门检查处理，内部窜货对内部人员按照规章制度进行处罚。

2. 稳定价盘之数字化控制售价

数字化调研价格：通过对价格、销量、毛利率、利润的分析，我们确定了利润最大化的销售价格体系后就必须严格遵守，此时数字化的功能就是监督售价，严惩乱价者。

（三）经销商高效赚钱之三：数字化拿到品牌商返利

说到返利，很多经销商都很茫然，我曾经服务于农夫山泉、今麦郎饮品，年度返利时，总会协助部分销管人员到经销商处对账。

目的是检核销管人员以及经销商是否明白返利规则，通过数字化计算和获取返利。常见的困惑有以下三点：

1. 去年和今年销量一样，为什么返利降低了

品牌商早已实现数字化管理，返利不像之前一样，是在年销售额的基础上合计返点，早已实现不同产品不同利润不同返点。

对于品牌商而言，高毛利率的产品返点必然会高，所以要拿到高返利，就必须数字化细算高毛利率产品的销售额。

2. 少发一车货，返利少拿几万元

品牌商的返利规则一般通过达成率进行考核。例如：达成 100%，返利是 3%；高于 90% 低于 100%，返利是 2%。此时经销商疏于数据精算，达成率为 99.9%，那么就会少拿 1%，可能就是几万元甚至几十万元。

3. 拿到全额返利的部分指标没有达标，导致返利打折

品牌商的返利除了销量达标外，常见的还有主推品项的达标情况。例如：之前农夫山泉的经销商返利在整体业绩达标的情况下，特别增加饮用水的达标考核，如果饮用水没有达标，返利就会打折。

关于返利的获取，经销商不可抱怨，首先要清楚规则，其次是按照规则通过数字化的精算，保守估算能拿多少？努力奋斗时候的挑战目标是多少？没有数字化跟进，返利就会“差之毫厘，谬以千里”。

四、数字化解决大货龄问题

近几年，快消品生意越来越难做，经销商的利润也薄如纸。在经营过程中，一旦出现滞销或者压货过多导致产品大货龄亟须处理时，厂商面临的就不仅仅是利润赚多赚少的问题，还可能直接造成当年生意亏损。

那么市场中的大货龄产品是如何产生的呢？笔者认为主要包括以下三个方面：

第一，品牌商不太合理的任务压力。也就是说，任务目标与市场的实际货需脱节造成压库过重产生大货龄产品。

第二，销售人员不作为。销售人员在市场作业过程中错误地操作或者动手能力差，导致未遵循产品先进先出原则，对错误事项没有给予足够的重视。

第三，产品本身的问题、产品属性或者卖点与目标消费人群不太匹配。也就是说，铺货的网点不是目标消费人群的集散地。

数字化转型对于厂商而言，最要紧的有两件事：一是为业务提质，二是为组织增效。下面探讨厂商通过数字化经营、数字化转型减少市场的大货龄产品，进而提高品牌商和经销商的经营利润。

（一）数字化货需助力厂商利润提高

关于压货问题，有两种极端的想法：**一是将产品压到经销商仓库，给经销商压力，让其推动整个渠道的压货销售；二是企业干脆取消销售**

任务，在消费者上面做文章，建立场景进行消费者沟通和教育，进而从C端的需求满足B端的销售。

笔者认为这两者都不可取，前者是实干派的做法，后者是学院派的做法。企业需要在生存和发展之间做平衡，就必须做到权衡利弊，张弛有度。所有合理的货需就是压货的第一步。

招商总监走访目标市场招商、考察市场、拜访经销商，一旦确定了合作意愿，就会谈到首批打款的问题，如打款多少，发什么货。第一次很关键，处理不好很容易结束合作关系。所以，数字化货需尤为关键，我们从以下几个方面确定货需。

1. 首批铺货网点及网点属性定义占比

对于空白市场而言，首要工作是新店的开发，开发多少家？开发进度如何规划？计划首月合计开发多少个网点？这些目标网点中各渠道属性的占比是多少？

每一个数字都要经过市场充分调研后确定更加贴合实际的情况，这是货需测算的第一步。

2. 不同渠道属性进店 SKU 种类和数量

充分了解自己的产品属性，网点选择的本质是目标消费者的集散地。企业制定产品目标消费者图像，不可简单地描述为几岁到几岁的年轻人，要精确到性别、年龄、收入、兴趣爱好、活跃时间、居住地等。

要选择与网点属性最匹配的产品，首次进店 SKU 不是越多越好，而是动销可能性越大越好，宁可卖断货，不可压库存。此时要根据不同的网点属性确定进店的 SKU 的种类和数量，这是货需测算最重要的一步。

3. 计算货需，减去费用得出打款金额

打款金额 = 不同网点数量 × 不同网点进店 SKU 种类 × 不同网点 SKU 数量

此时要注意厂家支持的费用，前期企业会给出较大支持，这部分货

需不可小觑，实际打款金额要扣除这部分款项。

总结：关于数字化货需是不是感觉很简单，其实难点是在市场的深入调研，了解市场就不难做出精准的产品需求。

顺便提醒大家一句：有些专家会将数字化转型神秘化，提出很多新的概念和名词，其实只要记住一句销售老话——一切用数字说话，便可顺利地踏入转型的门槛。

（二）数字化陈列助力产品动销

陈列的意义是什么？当然是产品的动销。为什么很多企业花了很多的市场费用做出来的美观大方、品牌凸显的陈列依然面临集体临期的局面？原因很简单，你的产品对于消费者来说是只可远观的。

我反感部分学院派专家的陈列描述，记得十几年前初入快消品行业，当时流行“洋务派”，参加公司陈列培训，讲了 2 天，讲什么左右手原则，讲什么仰视、俯视多少度角最佳。

笔记记了一大本，看似井井有条、高大上，实则毫无用处，现在看来脱离实际操作，更感觉可笑。

那么企业数字化转型的陈列该如何做？我建议从以下几个方面入手：

1. 非头部品牌，不做品牌陈列，研究品类关联陈列

行业头部品牌要重点做品牌陈列，即买断地堆、货架等，因为你的产品是消费者主动购买，甚至是带着购买目的到售点，所以这些企业做的就是让消费者更加容易看到、买到，同时刺激消费者的记忆印象，加深产品品牌力。

而非头部品牌则不可以这样做，就像二线、三线歌手不要开演唱会，会亏得很惨，最好的办法是当一线歌手的演出嘉宾。这里我就不多阐述了，具体内容可以查阅我的文章《深度分销不过时，但需升级迭代：分销 + 动销，一个不能少！》

值得强调的是：**品类关联陈列要选好目标关联产品，要数字化地挖掘自己的产品给消费者带来更多的收益。**

例如：旺旺食技研销售的一款嚼代双挑，是花生和辣椒的混合物，定义为啤酒搭档，那么就需要紧贴啤酒陈列，此时需要动脑筋的是紧贴哪一款啤酒？要综合考虑这款啤酒的销量是多少（销量就是流量）？这款啤酒的目标消费者和嚼代双挑的目标消费者的吻合度大约是多少？

这就需要数字化的调研。

2. 关联陈列要数字化赋能

我一直认为营销不是语文，更不是艺术，就是简简单单的数学，能用数字表达的绝对不要用语言进行描述。数字是更加客观，更加不带感情色彩的市场反馈，陈列也是如此。

在陈列上表达出排面数量、纵深厚度、货架位置第几层、比竞品或者关联陈列多几个排面等，在生动化上表达自己产品的差异化，如比竞品或者关联产品的克数多多少，价格优惠多少，含糖量或者热量低多少，这些都需要数字化赋能。

网点做得到不到位，要根据不同陈列的得分确定，主要陈列得几分，次要陈列得几分，这次网点总得分和上次网点总得分的差异是多少（这里是业务员动手能力的真实反馈，不动手就无法得分，动手结果也可以从终端系统中进行真实反馈）都需要量化，直观明了地反馈出市场情况。

同时，要研究得分高低和产品动销快慢的差异，这个差异可以判断陈列价值的高低，让动销赋能更加精准。

（三）数字化用户画像让消费者沟通更加高效

关于数字化用户画像，刘春雄老师的《营销数字化十讲之三：营销数字化的灵魂是用户画像》中有一段话可以很好地诠释：

（1）没有用户画像的数字化，不过是个摆设，用户画像就是用户标签化，是为了便于识别用户，而且是计算机自动识别。

精准识别用户，才能精准服务用户，瞌睡的时候送个枕头。自动识别用户，自动完成即时信息和政策推送，在用户改变购物行为的瞬间，自动形成用户新画像。数字化的威力，只有通过用户画像才能显示出来。

（2）快消品厂家的数字化是否需要用户画像呢？当然需要！只有用户画像，才能更精准地进行数字化。

一个新品投放市场，过去深度分销采取的是全面铺货。但是，现在产品升级，新品铺货需要精准。

如果某高端新品投放市场，就需要找到精准铺货终端，那么就需要对终端进行用户画像。

假设高端新品铺货的用户要符合三个标准：**终端有新品推荐能力；终端有高端用户群；终端在该品类有优势。**

根据上述标准给终端画像，筛选出符合条件的终端进行认知教育（如体验），然后铺货。因为画像精准，铺货后销售情况不错，就可以展开更全面的铺货。

（3）新品铺货，终端画像的数据从何而来？**有两大来源：一是自己有终端数据，根据历史数据给终端画像；二是如果刚上线没有数据，就可以找系统平台或第三方专业公司，他们会根据其他公司的数据给终端画像。**

无论是厂家还是代理商、新零售，只要在线，只要数字化，就一定要有用户画像。

总结：目标消费者的数字化描述是产品动销的关键一环，是精准地将最好的产品销售给正确的客户，进而通过产品的购买和复购拉动产品的动销。这也是减少产品大货龄的核心内容。

五、市场费用花得值不值，数字化帮你算

（一）数字化加持，让每一笔费用都使在刀刃上

经销商市场运营的营业费用主要包括四个板块：覆盖费用、销售费用、固定费用、财务费用。

下面我们逐一分解。

1. 覆盖费用：完成终端网点覆盖所必需的基本费用

市场作业人员费用：人员成本一直是快消品行业占比最大的费用支出，面临的问题是多少个人满负荷地工作，既可以保证作业数量，又可以保证作业质量。

在这里，我们需要的数字支持是：根据历史销量数据，将终端网点进行等级分类，重点网点一周拜访 2～3 次，一般网点一周拜访一次，差等网点两周拜访一次或者一月拜访一次。

根据历史人员拜访数据规划出一名业务员负责不同的渠道、不同的区域一天满负荷的情况下可以拜访多少家售点，进而推算出业务员的配置数量，如表 3－5 所示。

表 3－5　不同渠道、不同区域业务员的配置数量

分类网点数量/个	重点网点 200	一般网点 500	差等网点 300
拜访频次	一周两访	一周一访	一月一访
月拜访总次数	200×2×4 周	500×1×4 周	300×1

续表

分类网点数量/个	重点网点 200	一般网点 500	差等网点 300
合计数量/次	1600 + 2000 + 300 = 3900		

那么需要配置业务员 = 3900 ÷ （有效网点 25 家/天 × 6 天/周 × 4 周/月） =6. 5 人，表明市场配置 6 人有些紧张，配置 7 人绰绰有余。

车辆以及配送费用：物流配送费用分摊包括单一车辆司机工资、单一车辆月均折旧费、单一车辆月均油耗费用和产生的杂费、单一车辆月均保险费用、单一车辆平均配送网点数量。

2. 销售费用：增加终端动销而灵活投入的费用

陈列费用：数字化分析投入和产出，关注费效比。

进场费用：数字化计算盈亏平衡点，赚回进场费的月销量和时间周期，评估费用投入是否值得。

促销赠品费：数字化分析促销赠品投入对产品动销的影响，以便及时进行调整。

陈列物料费用：数字化分析陈列物料投入对消费者的认知影响，以便及时进行调整。

渠道促销费用：数字化分析渠道促销力度和销量增量的关系，达到费用最低、销量最高。

促销员费用：数字化分析促销场所、人员形象、促销产品三者对销量的影响。

其他费用：可投可不投、费销比如何，都需要数字化分析。

3. 固定费用：维持公司的正常运营，不得不投入的费用

仓库费用：对经营产品的年销售额、产品周转速度、产品通常放置几个、一平方米可以放置多少个产品、仓库距离市场的平均距离等都需要进行数字化研究，避免仓库不够用临时租库或者仓库空间富余浪费，以及为追求仓库租金便宜而舍近求远，结果在仓库到市场的路上浪费燃油和业务员拜访的时间等。

办公费用：经销商老板的个人喜好，在此不做分析。

管理人员费用：管理人员的多少，薪酬高低，可以对比所在市场的行业情况，在此也不做分析。

4. 财务费用：经营正常运行产生的利息和税金

此项费用一般包括资金利息、往来手续费用、税金三部分，需要分析历史销售节奏控制现金流，平稳度过销售淡旺季；时时掌握年度累计销售总额，合理避税也是非常重要的。

总结：费用的分类管理必须建立在数字化的基础上，时时刻刻关注费效比，在实际费效比和目标费效比之前“平衡费用支出 + 费用预算（预算使用率）”和“销量完成 + 销量目标（目标达成率）”两者之间的关系，确保经营投入产出的稳定性。

（二）数字化加持，让运营资金最小化

运营资金一般包含四个板块：代垫资金、渠道欠款、库存占压、应收账款。

1. 代垫资金：简化核销流程，加快费用核销

随着品牌商数字化的不断深入，现在的企业费用核销不像之前，需要业务员拍照、打印照片、整理纸质核销资料，快递到大区市场部检核，然后再核销。

随着终端工具的普及，数据的解读能力可以大大简化流程，降低代垫资金的数额。值得一提的是：要明白核销流程和监管终端工具的规范使用。

2. 渠道欠款：争取现款现货，调整渠道结构，实施账龄管理

目前部分终端机已经具备账龄预警管理，即某一下游客户在规定的时间内没有货款两清，终端系统就会出现警示，提醒货款催收或者限制供货。通过数字化分析，可以得出渠道的销量和利润率，从而判断该渠

道如何改善合作形式。

3. 库存占压：调整库存结构，改善客服水平

库存问题要注意两个关键数字指标：

一是月度库存周转率（月销售额 ÷ 月平均库存金额），可以反馈库存在某段时间的周转速度，速度越快，费效比越低。

二是月库存周转天数（30 ÷ 月度库存周转率），可以反馈从产品入库开始到销售为止所经历的天数，天数越少，说明周转越快，仓储费用均摊越低。

值得一提的是：**如果经销商终端手机系统打通了经销存，那么库存产品先进先出也将被数字化跟踪。**

4. 应收账款：争取厂商最大政策，调整厂商组合

关于应收账款大的数字化管理，首先要明确：

- 品牌商销售压力下高仓位运行压了多少货？
- 市场投入垫付的费用是多少？
- 应收账款又增加了多少？
- 固定资产投入又增加了多少？
- 其他费用增加多少？

以上数字经销商必须实时更新，做到心知肚明。接下来的工作便是逐个管控，与作业人员绩效工资挂钩、与网点的资金情况和还款意愿挂钩、把资金高效利用起来，获取品牌商最好的销售政策，增强商贸公司整体盈利能力。

六、管理 90 后，别说好坏，说数字

在日常工作中，管理人员时常说："团队不好带，人员不好管。"团队为什么不好带？人员为什么不好管？究其原因，大多数人说不出所以然来，很难具体地定义不好管的原因。

从本质上来说，应该注意三个方面的事情：**一是团队的分配机制；二是团队的凝聚力；三是团队的组织绩效。**

（一）团队的分配机制需要数字化加持

薪资结构体系，如表 3－6 所示。

表 3－6 薪资结构体系

薪资构成	基本工资	绩效工资	激励	福利/补助	其他	合计工资
占比/%	A	B	C	D	E	100

表 3－6 是经销商销售团队常见的薪资结构体系，本身设计没有问题，关键是各项目占比的多少，它会直接影响业务员的工作积极性。

在很多情况下，经销商老板为了追求团队的稳定，基本工资占比很高，业务员的收入与销量的相关度不大。

一旦出现这种情况，就必然存在高底薪、大锅饭、赏罚不明的情况，也意味着多劳并不多得，导致大家不愿意作出太多的贡献，企业的经营效益也会受到影响。

这时，需要重新审视现在的薪酬制度和激励制度，是否能保证大家

多劳多得，是否能保证收入与业绩高度相关。

1. 数字化基本工资

大家都明白，与基本工资相关联的项目只有考勤，而考勤仅仅是上下班打卡吗？当然不是，我们需要数字化量化考勤指标。

对于业务员，考勤的量化可以是每天拜访多少家店，在店内需要干什么具体事宜（货架、割箱、冰柜、生动化等），等等。此时的考勤就变成了具体的数字，如达成率多少，考勤的出勤率是多少。

值得一提的是：**考勤数字化的内容，必须是业务员态度端正就可以达标的项目，不可设定为当日成交多少金额，成交多少家之类的需要技能、技巧的事项（这部分属于绩效考核）**。

2. 数字化绩效工资

绩效工资直接与产出或者贡献挂钩，所以更加需要通过数字化明确同期目标、销售目标、超额目标、挑战目标。

绩效工资考核一般是：**销售额目标、销售分品项目标、单品提成目标、增量目标、新品推广目标，每一项指标都要明确同期数字**。

例如：某区域同期销售额是 10 万元，重点单品 A 销售件数是 2000 件，本期目标是 12 万元，完成本期目标超额 10%，绩效奖励增加 10%，重点单品 A 超量部分提成翻倍。

绩效工资的核心就是指标量化、细分化，让团队明明白白赚钱，踏踏实实做事。

需要提醒的是：**基层业务员的绩效工作量化指标偏重于过程执行，如生动化指标、铺货指标等，而销售管理人员绩效指标则偏重于结果指标，如阶段性达成指标、阶段性增长指标等**。

3. 数字化激励

激励有正负之分，是员工工作表现的反馈，不可用语言表述。我们都清楚，没有好的过程指标和良好的市场氛围，产品动销必然受影响。

要给出市场氛围激励，激励指标可以是区域终端店内生动化物料

（海报、价签、卡片等）的数量、割箱的数量、货架排面的数量等。让所有人在规则下明白彼此的差距，让高激励发放到人人心服口服。

最好的例子就是今麦郎，将所有市场动作数字化。例如：货架5个排面+3层厚度得2分，一个2+1割箱得2分，冰柜里放15瓶水得2分，生动化物料贴海报、价格签等一项得1分等。

通过得分，激励基层人员，计算出基层业务员所有网点月度内拜访平均得分，次月比较店均得分即可判断出市场表现；根据得分增减给予激励，可以精准有效地激励基层人员营造好片区的市场氛围。

4. 数字化福利/补助

福利/补助一般与工作年限、考勤挂钩，这里就不多说了。

（二）团队的凝聚力需要数字化加持

说到团队凝聚力，大家首先想到的是团队一起喊口号、聚餐、团建旅游或者其他拓展活动，组织这些活动可以有效地增加团队的凝聚力。

提升团队凝聚力的方法有很多，哪一种方法最有效，或者说通过某些团建活动，凝聚力是否达到理想的目标，该怎么衡量呢？

这是我们需要关注的问题，凝聚力不仅仅是言语上的描述，更可以是数字化的对比。例如：某企业将凝聚力细分为4个方面，12个小点，加以评分标准，最后就可以数字化地对比各单位的凝聚力高低。如表3-7所示。

表3-7 数字化地对比各单位的凝聚力

序号	分类	内容	得分
1	获取	我知道公司对我的工作要求吗？	
2	获取	我有准备好我的工作所需要的材料和设备吗？	
3	奉献	在工作中，我每天都有机会做我最擅长的事情吗？	
4	奉献	在过去的六天里，我因工作出色而受到表扬吗？	

续表

序号	分类	内容	得分
5	奉献	我的主管或者同事关心我的个人情况吗？	
6	归属	工作单位有人鼓励我的发展吗？	
7	归属	在工作中，我觉得我的意见会受到重视吗？	
8	归属	公司的使命目标使我觉得我的工作重要吗？	
9	归属	我的同事们致力于高质量的工作吗？	
10	归属	我在工作单位有一个最要好的朋友吗？	
11	发展	在过去的六个月内，工作单位有人和我谈及我的进步吗？	
12	发展	在过去一年里，我在工作中有机会学习和成长吗？	

注：得分项根据情况一般设置为三个等级，差得 0 分、一般得 3 分、好得 5 分。

团队的凝聚力是可以数字化的，有了量化才可以更加客观地进行比较，才能发现彼此的差距。

经销商对团队凝聚力是十分重视的，都希望自己的团队拧成一股绳，在市场上所向披靡。但是对类似于这样的测评感觉有些矫情，甚至部分经销商对于团队凝聚力一直在跟着感觉走，感觉最近团队有些疲软，就带着团队聚餐、唱歌提提劲。有效吗？相信答案大家都知道。

根据我很早之前带团队的经验，凝聚力数字化表格测试放到月度和季度绩效面谈之中执行，在轻松愉快的茶话会中进行，大家敞开心扉，谈谈工作，谈谈未来，为下一步团队建设、提高人效工作指明方向。

在一次测评中发现第 2 项团队得分普遍比较低，后来经过了解，原来是经销商为了节约人力成本，司机流失一人没有积极招聘补充（我实地拜访这位经销商时，经销商笑脸相迎，司机流失正在积极招聘，马上就到位了），配送、调换货出现较严重的滞后，偶尔出现一些小摩擦，导致团队凝聚力降低、战斗力减弱，修正后马上有了改善。

仔细想想，大家长期合作共事，彼此都会留有余地，除非矛盾不可调和，没有合适的方式，管理人员是无法获得这样的信息的。

有一次发现一名优秀业务员的发展项（第 11、12 项）得分很低，了解后得知该业务员服务 3 年，各项优秀，需要的是职业规划更进一步。如果不及时跟进，他面临离职问题；如果他跳槽到竞品那里，公司损失加倍。后期我对其进行职业规划梳理以及公司晋升机制、机会的讲解，将其成功挽留。

（三）团队的组织绩效需要数字化加持

销售组织能否经受住市场的考验，要看它能否让普通员工取得绩效，能否在竞争加剧的时代不断地提高组织绩效。

然而一名员工无法获得绩效，问题有时并不在员工本身，很可能是无法清晰地认识到影响自己绩效提升的原因或者和优秀同事差距的大小，而这个原因多数是语言无法表述清晰的。我们可以从以下 6 点提高团队的组织绩效，如表 3－8 所示。

表 3－8　如何提高组织绩效

序号	项目	项目组成	数字化
1	业绩考核	各岗位人员 KPI	数字化
		各 KPI 的信息来源	数字化
		人员工资构成	数字化
2	团队发展	人员奖励设定	数字化
		人员职业发展	数字化
		人员能力发展	数字化
3	组织费效	组织人员费用预算	数字化
		各岗位人员费销比情况	数字化
		各组织利润中心管理机制	数字化
4	人员配置	销售团队组织架构	数字化
		销售人员数量配置	数字化
		销售人员素质水平	数字化

续表

序号	项目	项目组成	数字化
5	工作规划	方向、目标、策略、衡量	数字化
		生意目标分解	数字化
		业务资源分解	数字化
6	业务操作	各项工作流程	数字化
		每个流程节点的工具	数字化
		每个操作的标准	数字化

表3－8罗列了一些细节，有些事项必须数字化才能很好地理解，如业绩考核指标没有数字支持是无法实现的，组织费销涉及费用和利润本来就是数字，工作规划中的生意目标分解、业务资源分解也是数字指标。

这些项目经销商都在落地执行，只需要加强方法技巧，根据不同产品、市场竞争格局等不断地优化即可，但是部分经销商会问团队发展如何数字化？

举一个例子，团队发展之中人员职业规划数字化维度：

- **个人业绩累计年达成率团队排前三名。**
- **个人区域增长率全年团队排前三名。**
- **师徒制：全年带徒弟人数、徒弟离职率、徒弟出师业绩达成、增长等综合得分排前三名。**
- **团队口碑得分排前三名。**
- **市场终端店老板口碑，抽样调查分，得分排前三名。**

只要这五个指标达标即可提升为储备干部，提高待遇，也可参与转正干部竞赛，激活组织。这样在公平、公正的环境下，既解决了团队职业规划问题，也降低了优秀人员的离职风险。

七、经销商最大的两笔糊涂账

自 2003 年开始，中国就进入了深度分销的轨道。

深度分销，实际上有两大前提：一是渠道碎片化，只有深度分销才能解决问题，因为深度分销的本质是尽可能地接近终端、接近消费者；**二是深度分销是依托人海战术**，依托人海战术是因为人力成本低。在销量增长时，成本的增长是可以暂时忽略的，因为销量增长可以摊薄成本。

当销量停止增长时，经销商们发现利润被销量和成本双重挤压。销量没增长，促销费用的增长挤占了毛利率；成本的增长进一步挤占了利润。

过去，快消品行业代理商的平均利润大致是 3%，平均配送费是 7% ~8%，这还不算促销费用和管理费用。过低的利润，稍微受点销量和成本影响，就进入盈亏平衡点。对于一些价格透明的快消品，毛利率已经相当低了。

经常听到经销商抱怨，自己的生意越做越大，销量越来越高，利润的增长却与之极不匹配，甚至出现利润不增长或负增长的情况。

事实上，快消品圈子里的经销商能明明白白算账的凤毛麟角。经销商有多辆车，哪一辆车赚钱？赚多少？哪一辆车亏损？亏损多少？自己服务的网点有几百上千个，哪些网点在赚钱？哪些网点在亏损？很多经销商都是一笔糊涂账。

经营利润跟着感觉走，大差不差地做着自己的生意。

快消品行业，没有车辆就没有网点，没有网点就没有销量，没有销量就没有利润。下面就车辆的盈亏平衡和网点的盈亏平衡两点，好好帮助经销商算算账，只有算好账，才能更好地适应今天的竞争。

（一）终端网点的盈亏平衡点如何测算

相信经销商对自己终端网点的盈亏平衡点很少关注。事实上，你最终的利润来源于下面的网点，哪些网点在给你创造利润，哪些网点是损耗你的利润，对此必须清楚地了解。

哪些网点经过培养，前期亏损，后期盈利，培养期是多久？哪些网点一直培养却一直亏损？难道真的是网点越多越好吗？如果经销商不进行网点盈亏平衡测算，利润从何而来？没有有效的盈利网点，利润从何而来？

1. 测算维度一：覆盖费用

覆盖费用包括：业务员的工资分摊、物流配送费用分摊。

业务员的工资分摊包括：单个业务员月均工资、单个业务员平均覆盖的网点数量。

物流配送费用分摊包括：单一车辆司机工资、单一车辆月均折旧费、单一车辆月均油耗费、单一车辆月均保险费、单一车辆平均配送网点数量。

覆盖费用如表 3－9 所示。

表 3－9　覆盖费用

名称	项目	分类	金额
覆盖费用	业务员工资分摊	单个业务员月均工资	
		单个业务员平均覆盖的网点数量	
	物流配送费用分摊	单一车辆司机工资	
		单一车辆月均折旧费	
		单一车辆月均油耗费	
		单一车辆月均保险费	
		单一车辆平均配送网点数量	

2. 测算维度二：销售费用

销售费用如表 3 – 10 所示。

表 3 – 10　销售费用

名称	项目	金额
销售费用	进场费	
	陈列费	
	长促人员费用	
	临促人员费用	
	搭赠或者折扣费用	
	终端礼品和生动化物料费用	
	其他费用	

3. 测算维度三：产品综合毛利率

产品综合毛利率测算不可以凭感觉，要注意：

经营品牌各品类的整体销量占比；

经营品项各品类的平均渠道促销力度；

经营品类品牌商企业给予的支持、返利。

如果有条件最好利用业务员手机终端系统做到一店一规划，根据每个网点的接货政策和接货产品数量明细精确测算出各店的毛利率。

总结：以上三点数据搞清楚，相信终端网点的盈亏平衡可以很好地计算。随着竞争的日益白热化，市场盈利能力更多地会下沉到每一家终端店，做到一店一议，只有算好账才能更准确地投入，才能利润最大化。

（二）乡镇车销的盈亏平衡点如何测算

大部分经销商对自己车辆的盈亏仅仅局限于出车一天只要卖够几千元就可以保本，低于这个值就亏损，高于这个值就赚钱。那么有几个问题就值得思考：

- **同样的销售额，销售品项不同，利润肯定不同，盈亏测算结果也不同。**
- **同样的销售额，销售政策不同，利润肯定不同，盈亏测算结果也不同。**
- **同样的销售额，配送距离不同，利润肯定不同，盈亏测算结果也不同。**
- **同样的销售额，业务员底薪不同，利润肯定不同，盈亏测算结果也不同。**

所以，相同的销售额就会有不同的盈亏平衡，不同的销售额更会有不同的盈亏平衡。怎么测算呢？

1. 测算维度一：覆盖费用

单车覆盖费用如表 3－11 所示。

表 3－11　单车覆盖费用

名称	项目	备注
单车覆盖费用	单车人员工资	1 人/车或 2 人/车
	车辆油耗	
	车辆折旧费	
	车辆杂费	维修和罚款

2. 测算维度二：销售指标

表 3－12　单车销售指标

名称	项目（单车）	备注
单车 销售指标	当日销售额	现款现货 + 应收账款
	当日分品类销量	品类件数
	各品类毛利	品类政策
	服务网点数和单店接货量	测算拜访成功率和店接货能力

3. 测算维度三：其他损耗费用记录

例如：经销商所经营产品的平均毛利率是 15 个点；人工成本 150 元/（天·人），油耗 150 元/（天·车），每辆车一天的成本支出为 300 元。

在理想状况下，一辆车的日销售额达到 2000 元，经销商基本能够保本。

现实却是：

a. 车销当天的货当天销，业务员常常兼做销售 + 司机 + 搬运工，效率低是显而易见的，一天 25 家的客户量最多跑 60%。

b. 每天的报损、退换货、车辆消耗、招待费用等成本不断产生。

c. 晚上回来后，还要花一两个小时核对库存，人员抱怨留存难，招聘成本居高不下。

d. 经营品项较多的经销商，因为不知道客户有什么货又缺什么货，导致对各个品项的装载量预测不准，早上拉一车货出去，回来剩了一大半，业绩大打折扣。

e. 车销过程中，业务员管钱又管账，经常改价窜货，每个月又总有几千元的损失。

……

以上常见费用支出要做好台账，否则盈亏平衡就会“差之毫厘，谬以千里”。

总结：以上三个数据如果搞清楚了，相信车辆出去一天的盈亏就会有较为细致的测算，经销商下一步就有的放矢地针对落后车辆进行整改。

写在最后

对于经销商而言，网点不是越多越好，而是盈利的网点越多越好，是有培养价值的网点越多越好，对于既没有培养价值又一直在亏损的网点要果断放弃。

也可以通过调整投入和拜访频率提高网点的盈利能力，如规模很小的夫妻店，可以一月一访降低覆盖均摊，取消类似于陈列的所有费用降低投入，那么这个网点还是有价值的。

至于车辆盈亏的测算目的在于下一步如何精算每一辆车的损耗，不断降本增效，提高经销商的整体盈利能力。

总之，经销商成熟的标志不是销售额的多少，不是团队规模的大小，更不是车辆仓储的多少，而是**经销商要学会算账，学会测算自己每一辆车的盈亏、自己每一个网点的盈亏，进而不断完善自己的操作，创造更强的市场竞争力。**

第四篇

产品引爆与促销

一、新品如何快速引爆

我接到三个品牌商的新品案例，商议如何快速铺市、快速引爆？

我根据产品特性锁定目标消费人群，倒推目标消费人群的集散地，即消费场所，确定销售渠道，进而得出新品铺货策略，给予品牌商一定的帮助。

与此同时，我发现品牌商创造新品的一些问题。

错误思路：根据理念设计包装，再思考动销方案。

正确思路：思考好动销、场景方案，再设计包装。

错误思路：我的产品在哪里卖？

正确思路：在那里我卖什么样的产品？

错误思路：消费者购买逻辑不清楚。

正确思路：先包装（先看上眼）再价格（在感知值不值）后品质（循环购买）。

错误思路：新品创造逻辑不清晰。

正确思路：先消费者洞察发现需求机会，在塑造产品概念的同时思考竞争，最后研发（考虑量产）命名、包装、容量、价格等。

以上是给予品牌商的建议。**新品上市成功的源头是品牌商创造出一个什么样的新品，是否和市场匹配，产品逻辑是否说得通，否则就不要劳民伤财地干一件没前途、没意义的事情。**

下面介绍一个与市场相匹配，有产品逻辑的新品入市策略。

（一）统一思想，确定目标渠道

任何市场行为都必须遵循：规律不可逆，人性不可违。所以新品铺市首先要解决的是团队思想和在哪里干的问题。

1. 统一思想

团队工作的核心目的之一是赚钱，赚钱的前提是所在的经销商或企业在盈利，否则不能持久，所以这个时候尤其是经销商团队的管理人员或者业务带头人就必须明白铺货新品的意义。可以从三个方面进行引导：

- **研究产品结构和渠道结构。**算一算我们的产品都卖到哪些渠道了？各产品的销售占比是多少？
- **研究所有产品的毛利率。**算一算自己销售产品的毛利率及给公司带来的销售毛利润是多少？
- **研究各渠道的费效比。**算一算自己销售产品投入的费用及带来的销量是多少？

相信经过计算，一方面可以明确推广新品的必要性；另一方面也会明白在哪些渠道推广新品可以获利最大、收入最高。

2. 确定目标渠道

通过计算，明确定位新品的主战场。主战场必须满足：

- 渠道非常熟悉，客情基础好。
- 渠道销量和利润容量都大。
- 在渠道里，产品可以实现快速成长。
- 渠道我司产品的份额大，具备品牌力和相对竞争优势。

（二）打消顾虑，因势利导

1. 打消终端顾虑，签订包销协议

猜疑和顾虑是新品推广的第一杀手，如果不能有效制止，推广进度

就会严重滞后，建议和终端客户签订包销协议，约定双方的责任，保障双方的利益，取得店老板的信任。签订包销协议时，务必讲清楚产品卖点和产品给店老板带来的利润，把账算清楚。

2. 建立终端客户微信群，保持互动

终端店老板的互动、销量排名、经验分享等对新品的铺市有积极的推动作用，微信群是建立关系最好的选择。对微信群的建立有如下建议：

- **客户分等级入群。**根据历史月度销量将客户分为钻石级、黄金级、白银级、青铜级，分别建群容易产生对比促进作用。
- **注意维护群内秩序。**部分客户负能量太多、信誉差，不适合入群，否则对其他人员会造成影响。
- **要有群主，有管理员，树立群规。**

A. 入群人员要实名制（店名 + 本名），不可乱发与产品无关的广告娱乐信息。

B. 及时分享销售数据和购买照片即可获得红包奖励。

C. 专人按时通报群里各老板的销量数据。

D. 新品信息、活动政策、客户疑问、优秀分享等不间断地分享在群里，鼓励大家推广新品。

E. 做好日排名（数据实时跟进、奖励实时发放、培养卖新品的习惯）、周排名（累计排名了解差距，激发比、赶、超）、月排名（对月度大奖获得者大力宣传，提高影响力）。

提醒一下：建群刚开始需要预热，树标杆、选榜样必不可少，要求业务员找客情好的店老板积极带动，不断分享。

3. 店老板需要精神和物质双重奖励

多卖多赚，这是赚额外奖励，最好是日薪制，根据销量数据当日兑现红包。

荣誉激励，积极传播，对周进度销量高的店给予荣誉牌锦旗或牌

匾，由经销商老板或品牌商当地最高管理人员颁发，并传到所有终端客户微信群。

意外惊喜，对月度销量高且月度积极分享、群内活跃度高的终端店老板给予意外惊喜，如赠送笔记本电脑、家用电器等。

4. 强化宣传，客户裂变

如今早已经进入自媒体时代，每个人都是一个媒体源，都有自己的社交圈和影响力，要强化这些潜在资源。例如：

- 终端店老板将你的新品推广到自己的朋友圈和社交微信群。
- 终端店老板将你的新品成功引导成一次政企团购。
- 终端店老板将你的新品成功导入周边的社区团购平台。

对这些情况都要加大宣传力度和对终端店老板的激励力度。

5. 关注产品批号，确保批号新鲜

新品的铺市，货龄是第一难题，把握不好会产生很多负面信息，所以要做到：

- 量力而行，不强压货。
- 陈列跟进也是调换货的基本条件，无陈列不调货。
- 时时关注货龄，做到一月一监管。
- 保质期过半产品寻求渠道积极调整处理（调到高销量门店、KA特价、新品赠饮/免品等），切不可坐、等、靠。

（三）阶段性的总结、阶段性的修正

新品铺市不可能一步到位，不要急功近利，要有循序渐进的心态，在铺货过程中不间断地跟进和修正。

1. 自终至始地看问题

新品铺市的主要目的是盈利，盈利来源于开源节流，定时把账算好。

推广的红包费用是多少？占销售的百分比是多少？

销售搭赠政策是多少？占销售的百分比是多少？

物料费用是多少？占销售的百分比是多少？

临期品消化损失和费用是多少？占销售的百分比是多少？

人工成本费用是多少？测算新品的提成及额外奖励等关于新品产生的部分占销售的百分比是多少？

仓储物流、免品损耗等杂费是多少？占销售的百分比是多少？

总之，要分析所有的费用，一个合格的经营部门最基本的功能就是算账，算账是盈利的保障。

2. 不断修正，确保在预定轨道上运作

新品铺市最容易和预先设计的目标跑偏，对铺货过程中的困难、意想不到的问题要不断地修正操作手段。

例如：铺货目标受阻，要想办法积极完成，不可随意调整目标；推广费用超标，要梳理费用支出，积极应对，不可随意调高预算。

总结：关于新品推广的文章我写过几篇，本篇内容强调经销商的落地工作，分步骤讲解了新品推进的三大步骤，算是对之前文章的完善。新品是品牌商和经销商的未来，直接的获益有：

- 只有新品发力，才能更好地实现品牌商、经销商、销售团队的获利能力。
- 新品可以增强渠道份额，加强和终端店的合作亲密度，提升客情。
- 新品可以拉练队伍，高激励可以提高团队士气。

新品推广的大忌是目标不明确，认准后又观望、等待、顾虑，所以一定要狠、准、稳，一鼓作气地拿下市场。

二、新品铺货六要素

我一直想寻求一个简单容易记忆的方法梳理销售工作，方便各级人员理解和实操。记得小学三年级时，语文老师教我们写记叙文，提到记叙文的六要素：**时间、地点、人物、事件的起因、经过、结果**。

下面就记叙文的六要素帮大家梳理一下如何做好新品铺货。

（一）时间，新品铺货的最佳时机

新品铺货有两个定义：一是空白区域铺货；二是在现有老品的基础上导入新品。

我曾经见一个商贸公司主营 3 元/瓶的矿泉水，在市场上有一定的市场份额，但是在 6 月—8 月导入一个新品矿泉水，投入巨大的人员奖励、媒体支持、推广活动等，各方面布局也很到位，但是结果很不理想，不但丢失了老品的份额，新品也做成了夹生饭。

新品到底什么时候导入？在什么样的背景下最适合导入？该注意哪些问题？

1. 新品导入时机不要和老品销售旺季重合

简单来讲，在旺季，市场竞争如此激烈，销售团队在老品上需要花费很大的精力，根本无暇顾及新品的导入工作；违背人性，业务员出来工作是需要赚钱的，旺季是一年中收入最高的时间段，除非给新品更大的奖励，否则主观上是不愿意推广新品的。

2. 新品导入要在淡季工作相对较少的时间段

首先淡季并不是无事可做，就像现在的各大水企，是一年之中比较忙碌的时刻，要搞水头订货，要抢占经销商的仓库和资金，为未来一年的经营奠基，这个时候就不要搞新品铺货了。

拿饮品来说，**每年春节过后，也就是 3 月份是新品切入市的最佳时机**。有充足的时间进行网点布局、市场拉动、消费者沟通等，借势旺季，动销加快，新品站稳脚跟，成活的可能性就很高。

3. 新品导入要结合老品的市场时期

我们都知道，一个产品可分为四个时期，即**导入期、成长期、成熟期、衰退期**。新品导入的最佳时机就是老品的成长期和成熟期，用老品引流事半功倍，同时也不会顾此失彼，效益更高。

（二）地点，新品铺货的目标市场

哪些市场铺货新品是最合适的？眉毛胡子一把抓的铺货是行不通的，要根据新品属性进行选点铺货，当然也可以进一步精准，**一个市场可以选择某一个区域、某一个渠道先行做试点**。

目标市场要确保老品的口碑很好，新品只不过是品牌下面的衍生物，无论是终端店消费者的认知还是品牌的认知，区域品牌力越强，新品的接受度就越高。

目标市场和新品抗衡的竞品是什么状态，很好理解，你计划在某一个市场推广一款新品苏打水，去了之后发现主要竞品在那里大搞搭赠促销、陈列活动，那么建议在这个时间段不要硬拼。

目标市场团队情况分析，任何市场的好坏都是人为操作，尤其是新品，目标市场团队的战斗力是第一位的，只有在精兵强将（包括经销商积极的配合）的区域铺货，新品的成活率才会很高。

（三）人物，新品铺货的团队执行

1. 统一思想

新品铺货最大的阻力是老品和老团队，因为新品推广期简单来说就是出力不讨好，收入提高不了多少，售后麻烦不少，所以销售团队打心眼里不喜欢铺货新品。此时统一思想尤为重要，新品铺市动员会必须召开，会议的目的就是打消团队的顾虑。例如：

- 产品不动销怎么办？只要按照公司要求铺货和陈列，无责全调。
- 后期调货会不会有考核？不会。
- 提成和奖励是否与调货挂钩？毫无关系。
- 有没有其他支持？公司全力以赴地支持大家。

只要在动员大会上让大家甩掉包袱，新品铺货就会快速推进。

2. 想办法降低团队工作难度

团队的管理者要在新品铺货之前充分分析新品情况，做好调研工作。

一是要考虑消费者拉力。目标消费者是谁？目标消费者在哪里？零售价是否处于主流价格带？怎么操作？

二是要考虑终端拉力。各个销售单位利润是否合理？和竞品比较如何？先铺货哪些终端？铺货的标准是什么？陈列如何做？费用和竞品比较如何？生动化物料等配套设施是否已经到位？市场活动、媒体宣传是否已经就绪？

一定要事先摸索经验，充分调研，给出基层人员一步一步分解动作的方法，最好将过程写到“铺货宝典”上面。

新品铺货的大忌：不调研跟着感觉就上马，在过程中边走边看，这样新品铺货九死一生。

3. 配套的考核措施

员工和老板好像一直处于博弈的状态，员工只干公司考核的事情，不干老板希望的事情，所以新品铺货的考核必不可少。考核什么呢？

首先不能考核新品销量，甚至制定单店铺货上限，超过上限要进行处罚；其次对目标售点的铺货家数要考核。

这里要注意是目标售点，非目标售点铺货要处罚。目标售点要在铺货前明确宣导清晰概念，然后目标售点生动化要重点考核。无陈列不销售，要安排稽查人员不间断地跟踪和检核。最后要设立个人和团队比赛，奖优罚劣，确保比赛过程公平、公正，造假者重罚，直接管理人员连带重罚。

4. 新品铺货期间的晨会

新品铺货必须实现日排名、周考核、月奖罚，数据追踪到时间段，这些都需要在晨会中公示；铺货遇到的问题要在会议中通过角色扮演来寻求答案，要总结简单易懂、可复制的、共性的、便于理解和操作的方法，推广到实战中。

（四）事件的起因，为什么要铺新货

这一点应该在一开始说明，但是为了顺应记叙文的六要素只能放到这里。新品铺货的意义有很多，总结下来有以下几点：

- 单品和人一样，都会生老病死以至从市场上抹去，产品越成熟，价盘就越向下走，品牌商和经销商的盈利能力就越差，所以必须用新品延续品牌力和利润力。
- 新品一般是对自身产品结构的补充，丰富品项，增加单店 SKU，维持整体销量的稳健上升，也是打开新市场并占领市场的手段之一。
- 有效抵御竞品，区隔竞品的有效途径。
- 锤炼队伍，增加团队的执行力及战斗力。
- 接触消费者，营造新的销售环境。铺新品的理由有很多，但万万不可是老品动销慢所以铺新品。

（五）经过，严抓铺货的过程

1. 走访目标终端店

智者千虑必有一失，即使是再怎么周密的布局放到市场上也有很多漏洞，所以要走访已经铺货新品一周以上的目标终端店。

什么是目标终端店？即**销量最高的店**。

方法很简单，拿着公司的赠品去找店老板聊天，了解以下问题：

- 这个店为什么卖得快？老板的心态。
- 这些产品卖给了谁？谁经常来买？
- 这些产品是怎么卖的？什么价格？什么促销方案？摆放的位置在哪里？
- 消费者反馈的客诉是什么？包装是否喜欢？口感是否喜欢？容量是否满意？

2. 总结动销快的店的共性和规律（从营销 4P 的角度看）

什么渠道卖得快？生动化是如何布建的？

什么价格卖得快？

什么促销卖得快？包括渠道促销和消费者促销。

卖得快的售点，竞品是什么情况？

配送的及时性，新品复购订单和新沟通订单必须保证订单不过夜，制订严格的配送考核方案。

最后注意这些店的营业面积、陈列位置及消费者的购买用途，将规律数据化、表格化，制订跟进方案。

3. 聚焦资源，放大并且复制

锁定目标网点，集中火力，势必做到无一漏网。

调兵遣将，管理者和业务员在同一战线，做到精准打击，优化线路拜访，重点店做到一周两访或者一周三访。

专项政策支持，针对锁定售点制定特殊政策支持，如饮品投放展示柜、特陈货架、实用性强的促销品，安排促销员等。

加强优化目标店，给予足够的支持后，店老板赚到更多的钱，这时就对店方提出要求。

例如：可以要求专卖，要求保底库存数量，签订品项转销协议，扩大销量战果。可以要求更好的陈列位置，打造样板店、样板街、样板区域，以扩大品牌影响力。

（六）结果，对市场、终端店、业务员负责

1. 回货奖励

此项奖励必须及时设置，奖励包括回货家数奖励和铺货总客户数中回货客户占比奖励，并且在新品铺货的时候同时宣导。一方面会提醒团队选择目标网点，不盲目铺货；另一方面也会加大团队各级人员对已经铺货售点的关注度，一举两得。

2. 退货奖励

退货为什么要给予奖励？我们都不是神仙，谁也无法判断新品的动销情况，所以新品铺货的退货是必然发生的事情，不可回避。如果退货有处罚，就不会有退货，产品不动销，业务员不处理完就会变成遗留问题，不但新品没有希望，老品也会面临危机。

我的建议是：**测算以往新品的退货率，测算退货后的利润损失，制定合理的退货比例，高于这个比例业务员需要承担责任，低于这个比例退货挽回的利润损失全部归业务员所有，这样就可以上下一心，高度关注**。当然这个比例要设定好，要有空间，空间要先大后小，要让第一批铺货人员中 80% 以上都拿到奖励。

最后，新品铺货是对市场和团队的综合考验，几乎所有的品牌商每年均会推广至少一个新品，其核心逻辑就是记叙文六要素，希望以上分享对大家有所帮助。

三、会选品才能多赚钱

经销商怎么能够赚到钱与经销商的产品组合有直接关系，不以组合利润最大化的选品和带领自己团队奔小康的经营都是错误的。那么究竟该如何选择经营产品呢？

（一）经销商选择代理产品时，要研究自己的产品结构

我曾经服务的一位经销商，是当地数一数二的大型商贸公司，他的产品结构很科学，只代理四种产品，即农夫山泉、当地的方便面、六个核桃、一款学生豆奶，年销售额 1.5 亿元。夏季主营农夫山泉，秋冬季主营方便面，中秋、春节做六个核桃，学校主营学生豆奶。

很多经销商在选品方面喜欢“多吃多占”，恨不得将所有品牌都揽到自己名下，但最终发现哪个产品也做不好，利润更是微乎其微。

在这里需要说明的是：**品牌商和经销商是互利共生的，任何一个厂家都不希望自己的产品在别人那里是附属品，不喜欢经销商三心二意地操作。一旦品牌商给经销商施加压力，经销商只能做筹钱、租仓库、招人等系列动作，带来的必然是成本的增加。**

经营的目的是盈利，多接产品和盈利没有关系，但是可以优化产品结构。**关于产品结构我给出以下几点建议：**

- **季节互补性：**如果你的产品旺季在夏季，就选择冬季是旺季的产品来平衡自己的利润。
- **渠道互补性：**经销商服务的市场容量有限，尽可能多地让自己的

产品覆盖自己市场的所有渠道。

- **品项互补性：**一位农夫山泉的经销商朋友代理了一款气泡水来满足部分终端店对不同品项的刚性需求。
- **重大节日送礼产品：**中国有两个很重要的节日——春节和中秋，这个特定时间点内人情走动会带来巨大的市场，可能忙碌两个月的利润比一年还多。

（二）经销商选择代理产品时，要研究自己的利润结构和经营目的

在市场上，我们习惯把产品分为三个类型：一线产品、二线产品、三线产品。**一线产品的主要目的是“带货”，三线产品的主要目的是利润，二线产品起到承上启下的作用。**

1. 一线产品

利润方面：投资回报率很低，综合毛利率低于10%，扣除仓储配送成本、人员工资、费用、损耗及税金后，纯利润所剩无几。

经营目的：一线产品通常在渠道上是“非卖不可”，可以借助它的平台“带货”，快速建立自己的渠道网络系统，同时可以承担企业基本的运营成本，保证企业正常生存。

2. 二线产品

利润方面：投资回报率比较高，综合毛利率一般在20%左右，是一般经销商利润的贡献主体。

经营目的：经销商在一线产品面前很少有话语权，一旦失去经销权，为一线产品配置的人员、车辆、仓库等就是沉重的负担，此时二线产品可以保证企业的正常生存，以加强经销企业抗击风险的能力。

3. 三线产品

利润方面：投资回报率最高，综合毛利率高达30%～40%。

经营目的：实行“短平快”的操作模式，阶段性地增加经销商和其员工的收入状况。

- 案例一：一位农夫山泉的专营经销商，计划再接一款三线功能性饮料。
- 案例二：一位康师傅方便面专营经销商，计划再接可口可乐系列产品。
- 案例三：一位经销商为了满足利润需求，经营的产品均是三线产品。

总结分析：案例一的经销商从利润结构上来看没有问题，但是一线产品农夫山泉的销量增长要求比较高，经销权一旦丢失，三线产品又扶不上来，生意将会面临巨大困境，同时在经营过程中也会受到品牌商工作人员各式各样的“威胁”。

案例二的经销商经营的都是一线品牌，在我看来就是一个“虚胖子”，“微利赚吆喝”，年销售额一听大得惊人，利润低得都不好意思和同行讲。

案例三的经销商是典型的“狠利型”，但是在经营过程中会发现，所有产品都得硬推，没有流量产品带货，人力铺货成本太高，动销缓慢，调换货随之而来，最终也不会达到预期。所以选择产品要注意利润结构和经营目的，切不可因琳琅满目的产品而迷失自我。

（三）经销商选择代理产品时，要研究自己的经营情况

我走访了几位雪花啤酒的经销商，他们有一个共性：**啤酒厂家将市场细分切割，分为餐饮和流通两个板块。**

一位经销商只负责自己固定区域和渠道的市场，其中一位餐饮经销商经营雪花啤酒 5 年，合作餐饮网点 200 个，这 5 年服务的网点没有大的变化，很稳定，年销量大约 15 万箱。

前两年他专营雪花啤酒（啤酒的竞争主要是通过买店的形式进

行)，后来竞争越来越激烈，费用越来越多，新增网点投入大、产出低，后来干脆放弃新开店，维护现有网点，对现合作的餐饮店进行全品项供货，又代理了椰子汁、矿泉水、苏打水，以及饮料、白酒、牛奶甚至部分调料等餐饮店需求的产品，承包了 200 家餐饮店所有的产品。

一年下来利润翻了好几倍，费用降低了 1/3（自己做的产品涉及的厂家都有费用投入)，并且这 200 位合作客户的稳定性大大增强。

这个案例告诉我们一个道理：如果你增加网点的费效比很低，那么你就可以考虑如何在现有的网点上将利润最大化，在选品上要以自己的经营状况为出发点，产品选择没有最好的，只有最合适的。

（四）经销商选择代理产品时，要研究目标产品是否属于“风口”货

小米公司 CEO 雷军曾说过一句话：“站在风口上，猪都会飞。”经销商选择产品时也要看自己相中的产品是否在风口上。

2011 年，以红牛、脉动、农夫尖叫等为首的功能性饮料兴起，当时我的一位经销商客户并没有选择这些名牌产品，而是选择了刚刚上市的黑卡，仅仅一年时间利润超 50 万元。

他的话让我记忆犹新：“现在流行喝功能性饮料，只要口感不差，把货铺上去都能卖，是赚快钱的最佳时间。”的确，最后他成功了，那一年他完成了原始资金的积累，由批发商转身成为商贸公司的老板，现在年销售额在 5000 万元左右。

总结：风口产品必须代理，那么怎么发现这款产品是不是风口产品呢？我有一个建议，留心观察一线品牌的动态，**风口不是随机产生的，是市场造就的**。目前，我认为苏打水可能就是一个风口产品，因为农夫山泉、今麦郎、娃哈哈、统一等巨头都布局了苏打水，每一个品牌商都有其独特的消费者灌输教育手段，猜得不错的话，“风口”正在制作中。

（五）经销商选择代理产品时，要研究目标产品和其主要竞品的对比情况

经销商在选择产品时一定要研究透你经营该产品后，这个产品的竞品是如何操作的？

建议拿着样品走访终端售点、拜访自己的堡垒客户、和团队商议利用营销 4P 和 SWOT 分析法进行研究。

- **产品：** 自己的产品和市场主要竞品有哪些差异化？核心竞争力在哪里？产品力和品牌力相比较如何？
- **价格和利润：** 关注竞品各个销售环节的价格和利润，比如分销商接货价和利润？批发商接货价和利润？终端店接货价和利润？这一点不能马虎。从目前的市场行情看，尤其是中低端产品，价格因素还是很重要的。
- **渠道：** 主要考虑自己的产品和竞品的厂家支持和投入，咨询清楚两者投入的力度、形式、时间节点等。
- **促销：** 对渠道促销、终端店市场促销、消费者促销进行比较即可。

总结： 接产品要详细了解品牌商的运营能力，要详细了解市场主竞品的运营能力，充分分析产品的优势、劣势、机会、威胁，对比后再做决定，甚至可以到其他市场考察一下。接产品打款之前要做对比研究，可能痛苦一阵子；现在懒得不想做对比研究，可能痛苦一辈子。

（六）经销商选择代理产品时，要熟悉目标产品在当地市场的时期状况

任何一款产品均有四个时期，即**导入期、成长期、成熟期、衰退期**，这是产品的市场法则，不可避免。

前三个阶段的产品经销商均可考虑接盘，唯独进入衰退期的产品，即使是开出再好的条件，我也不建议接盘。经销商老板要清楚一点：**你的目的是先做生意后做品牌。你也没有精力和能力挽救一个濒临灭亡的产品，生意有生意经、有规则，违背规则就要付出代价，也是对公司营销团队的不负责任。**

（七）经销商选择代理产品时，要了解厂家的经营情况

经销商在确定代理一款产品前，要先了解生产厂家的经营状况。最好去厂家实地考察一番。考察的项目有：

- 生产商和品牌商是否一家？如果是贴牌产品或者“皮包”公司尤其要慎重。
- 产品库存情况（生产批号、库存数量、库存管理等）和工厂门口物流车队情况（排队等装车的现象最好）。
- 设备运营情况，如果设备停止生产的时间比较久，也就明白产品的动销情况了。
- 公司综合管理及运营团队的精神状态。如果不方便实地考察工厂，最好了解一下目标产品其他市场的运营情况，也可以从其他市场经销商处多了解一些有关厂家的操作模式、代理要求、市场口碑等，从而综合判断该厂家是否有实力。

写在最后

在经销商日常的经营活动中，选新品是个非常重要的组成项目，新产品的导入不理想几乎就没有经营成功的可能。许多经销商老板在新品引进后面对失利状况时，往往把责任推到产品烂或抱怨市场环境不好。

其实，产品本身没有好坏之分，只有是否适合经销商的经营体系、是否适合当地市场的区别。与正规企业决策层所不同的是，经销商老板决定是否承接新产品很少会进行理性的市场系统研究与专项分析，而更多的是依据个人的市场操作经验和阅历作为分析基础，再融合一些经销商老板对新产品的直观感觉，就这样作出了判断。

实际上，近几年经销商承接新品的平均成活率一直维持在30%以下的水平，而品牌商上马新产品的平均成功率基本可以保持在50%以上，区别在哪里？不是规模和资本的区别，而是研究判断方式的区别。

理性的、系统的分析判断方式自然要比感性的、个人的分析判断方式科学得多、有用得多，毕竟极少有人能够引导或是制造潮流。作为商业中间流通体的经销商，绝大多数只有跟随潮流，但很多经销商过于相信自己的眼光和判断力，认为自己的经历已经能够洞察市场并准确地预测，结果常常是自己种的苦果自己咽。

四、促销，仅仅是打特价这么简单

很多人对卖场最直接的印象就是搞促销，而促销模式千篇一律，主要做价格，只要价格低，销量就会提高。

至于其他，按部就班地照抄经验即可，很少考虑活动执行的细节，尤其是经销商，甚至很少评估促销活动的投入产出及对将来造成的实际效果。我们就这些司空见惯的问题来聊聊如何搞好促销活动。

（一）要明确促销的目的，否则就是得过且过

1. 激活目标消费者

品类新用户：品类领导者考虑如何通过促销活动吸引新的品类消费者。

品牌新用户：让其他品牌消费者来尝试购买自己的品牌，这也是最有价值的促销活动。

品牌摇摆户：锁定消费者，刺激其更多地购买自己的产品，这是目前主流的促销活动。

品牌忠诚户：让这些消费者更多地购买自己的产品，这是短期内对销量有很大帮助且见效最快的促销活动。

2. 对厂商而言

打造品牌力，推进中长期销量，提升品牌资产。

刺激渠道销量，达成短期销量、销售额、份额目标。

清理库存，处理大日期或临期品、过量的库存。

竞争牵引，主动提前预防竞争对手的活动或被动地跟随竞争对手的活动。

3. 对于零售商而言

吸引客流量，将消费者吸引到自己的商店，以提升客流量。

提升客单价，让消费者购买更多的产品。

清理库存，收取费用。

对厂商和零售商而言，厂商可以主动地获得零售商额外的资源支持，也可以被动地应零售商要求不得不参与活动。

（二）促销不是突发事件，要有全年的规划

1. 规划出全年的促销时间和主题

这些时间一般是传统节假日，也是客流量的高峰期。例如：1 月份的元旦促销，结合迎新因素打造促销主题；2 月份是春节，结合团聚等因素打造主题；5 月份的劳动节和青年节，结合旅游及青年励志等因素打造促销主题；6 月至 7 月高考，结合莘莘学子十年磨一剑等因素打造主题等。

强调一点：**没有主题的促销活动最好不要搞，否则很容易被理解为大甩卖。**

2. 规划促销框架，明确每次促销是在什么时间、哪一个产品、卖什么价格

结合竞品信息：可以针对打击竞品，同一时间段做同一品类，利用价格优势秒杀，也可以避其锋芒，换品类促销，决定因素是促销费用的合理规划，了解竞品的促销信息和套路。

由费用投入调整产品价格。节日之前，为了给消费者有在价格上占到便宜的直观感知，一般先将产品价格调高一些，节日促销价格再降低。同时根据费用支持、销量预估、库存备货等确保价格在活动档期之

内可以有效地运作下去。

总结：促销活动不打无准备之仗，规划必须清晰描述出促销时间、主推产品、活动力度、安全库存、竞品动态五大信息。

（三）结合促销五要素合理地设计促销内容

1. 促销力度设计

先看看手里有多少资源。总资源 = 品牌商支持的促销费用 + 产品销售后计划投入的利润 + 卖场等配合促销活动让出的利润

再看看有多少销量。预估销量 = 同期促销的实际销量 × 截至目前主推产品的增长率

促销力度 = 总资源 ÷ 预估销量。促销价格 = 正常售价 - 促销力度

2. 促销价格设计

简单来讲，消费者更加关注价格数字中最左边的那一位数字。也就是定价 29.2 元/件和定价 29.9 元/件，定价 49.6 元/件和定价 49.9 元/件，对消费者而言是一样的，并不会产生销量的拉升，但对经销商而言，一年销售几十万件，无疑是一笔巨大的损失。

在做价格牌时建议：

大数做小，小数做大。例如：99 元/2 件，做价格牌时将“2 件”做得面积大些，将“99 元”做得面积小些，形成明显的大小格局，这样消费者会被“2 件”吸引，产生购买就会占到便宜的感觉。

价格标示要有温度。促销信息不要写：“满 100 元立减 10 元”，而要写“满 100 元又为您节省 10 元”。一样的信息，不一样的效果。

3. 促销形式设计

常见的促销形式有：**产品折扣**（原价 10 元，现价 8 元）；**坎级特价**（满 20 元减 3 元，满 30 元减 5 元）；**组合特价**（两种口味捆绑价 20 元/组）；**捆绑赠品**（赠本品或非本品）；**赠节日礼品**（如圣诞节送圣诞树）。

这些促销形式都很常见，设计原则：**不要让你的“上帝”动脑筋计算，也不要让你的“上帝”花心思琢磨，简洁明了最佳。**

4. 促销时间设计

以退为进。在促销前夕，首先要把价格恢复到正常；其次做好促销告知，沟通卖场等机构做好DM单；最后对地堆、货架、冰柜等核心陈列场所进行梳理（有条件的可以翻新一下），促销开始第一天要一炮打响，促销员不间断，价格差标注要显眼，做到档期之内引爆销量。

5. 促销沟通设计

总结可能会遇到的消费者提问，做出最佳回答并记忆，能够使目标消费者认同，潜在消费者青睐，具有良好的情感性。

总结产品差异化特性讲解，归类并记忆，具有表现力或说服力，能充分准确地展现品牌理念，讲解做到有震撼力，新奇而不平凡。

协调好活动场所的负责人、外聘促销员及突发状况的对接人员。

其他沟通形式：促销服、扬声器、赠饮设备要使用得当。

沟通环节是促销活动中最重要的环节，直接影响本次促销活动的成败，所以话术、方式、对接人务必细致推敲琢磨，确保促销活动高效。

（四）所有的促销活动必须有复盘

1. 结果复盘

本次促销品项的销量指标是否达成？达成率是多少？与同期相比增长率是多少？基本要求是否达标（陈列要求、执行门店数量、促销员素质、各种细节要求等）？

本次促销的实际费用是否在预算之内？费效比与同期相比是增长还是降低？

本次促销做了多少消费者一对一、一对多的沟通，是否达成预想？

本次促销的新方法总结、新问题总结。

对于促销活动而言，达成销量和利润指标是终极目标，赔钱赚吆喝的事情尽量少做。

2. 过程复盘

一次活动的结束往往是下一次活动的开始，在复盘前期活动执行的效果和操作过程中，能为下次活动的开展提供更好的决策和意见，建议盘点多多应用 SWOT 法则。即本次活动的优势/获利的方面有哪些？本次活动的劣势/落后竞品/损失的方面有哪些？有哪些机会点还可以继续挖掘？有哪些失利的地方/不足之处还可以改进？

相信经过几轮促销活动的复盘一定可以摸索出最适合当地消费人群、最匹配当地销售场所、最符合销售团队落地操作的促销模式。

总结：销售是一种以结果论英雄的游戏，销售就是要成交。没有成交，再好的销售过程也只能是“风花雪月”。

在销售员的心中，除了成交，别无选择。但是顾客总是那么“不够朋友”，经常“卖关子”，销售员唯有解开顾客的“心结”，才能实现成交。

促销活动的意义正是如此，是场景集中化、人员集中化、消费者聚集化打开顾客“心结”的过程。方法是技巧，方法是捷径，但使用方法的人必须做到熟能生巧。

这就要求促销人员在促销活动中有意识地利用这些方法进行现场操练，以达到“条件反射”的效果。当顾客提出疑义时，促销员可以不需要思考就予以解答。那时，在顾客的心中才真正是“除了成交，别无选择”！

五、终端卖场/门店促销员管理指南

随着市场竞争愈来愈激烈，终端市场出现全国、区域性的大卖场，零售终端争得了更多的销量话语权。

品牌商为提高在各大卖场的市场份额，提出了“助销”的概念。助销，即派驻大量专职促销员到大卖场。于是，在卖场中出现了很多由厂家支付工资，**但是由卖场安排上班作息的“边缘人”，就是广义上的促销员，其在品牌商的人事管理和业务管理中扮演着越来越重要的角色。**

（一）促销员的价值是什么

某品牌经销商之前考虑到人力成本的投入，在自己服务的区域投入20名促销员，由于产品的保质期比较短，退货率一般维持在10%以下，后来将促销员人数提高到200人，产品的退货率降低到3%以下，并且可能实现1.5%。退货率10%和1.5%之间造成的损失比200人的人力成本高很多。

那么如何来评判促销员的价值呢？

促销员也叫导购员，在销售环节中扮演着非常重要的角色。

促销员要充分了解产品的差异化、使用方法、用途、功能、价值，以及能给顾客带来的益处，为顾客提供最好的建议和帮助，是企业和产品与消费者之间信息的传播沟通者，也是两者之间的桥梁。**促销员的主要作用简单概括为以下几种：**

- **一对一地影响消费者，零距离地沟通产品差异化卖点，加快产品切入消费者需求的进程。**
- **新品推荐，通过促销活动激励消费者首次购买。**
- **培养忠实消费者，激励其多次购买。**
- **在一定时期内，大幅度地提高销售业绩，对竞品的打击和抑制起到重要作用。**
- **降低产品退货率，维护货龄批号新鲜，降低利润损失的同时增加产品竞争力。**
- **提高企业形象，带动企业其他单品的销售。**

（二）促销员的存在形式：专职和兼职

例如：在某一线城市，双汇和金锣两大厂家在卖场和连锁便利系统进行促销大战，双汇投入的促销员人数是专职促销员120名，金锣投入的促销员人数是专职促销员30人、兼职促销员170人，合计200人。

从消费者沟通的效果看，显然金锣的覆盖率更高；从费用来看，显然双汇的促销人力成本更高。去除品牌力的差异因素，从整体结果综合评估，金锣更胜一筹。

那么出现一个问题，促销员究竟是专职的好还是兼职的好？

很多管理者都认为促销员必须是专职的，理由也很简单：我出钱了，促销员必须听我的，按照我的考核工作，管理起来也就方便多了，更加容易出成果。果真是这样吗？

从员工层级的逻辑看待工作的结果是：管理人员对工作的目标负责，也就是达到目标后获取相应的报酬和奖励；基层员工对工作的过程负责，也就是达到了过程的要求后获取相应的报酬和奖励。

很明显，促销员属于基层员工，他的工作目的是做好过程项。也就是说，只要做好过程项考核，无所谓专职促销员还是兼职促销员。

例如：火腿上新品时，对促销员只要求一天做到200人以上的试吃及产品介绍即可，专职促销员可以放到一天来干，兼职促销员只要放到人流量最大的几个小时干完即可。

在这里还需要说明几点：

第一，在人力费用充足的情况下，当然全部是招聘专职促销员（这种情况比较少见），但是一定要舍弃这种想法：**既然花钱招聘促销员进驻卖场，就要做完与卖场相关的所有工作，类似于销售产品、柜台布置、店面经理沟通、催促补货等。要明白促销员的过程考核项越多，促销结果就越差。**

第二，在人力费用不足的情况下，要多多招聘兼职促销员，在人流量最大的时候安排促销员。值得注意的是：**一定要制定好过程项考核，并且考核越集中越好。**

第三，一般情况下，我建议专职促销员和兼职促销员共存。一些重点的门店需要专职促销员服务，一方面可以不间断地影响消费者；另一方面也有利于企业和重点门店的客情加固。专职促销员更加专注，兼职促销员平衡费用和促销门店覆盖率。

（三）促销员的工作形式和考核指标

1. 站岗式的促销员

很多管理者特别反感站岗式的促销员，感觉我出了费用，必须得干活，站在那里一动不动有什么价值。其实不然，我曾经在卖场看到一位身高 170cm 的美女促销员在推广一款酸奶，就是站岗式，在酸奶地堆旁边一站，产品不间断地销售，比旁边吆喝的大妈的销量高多了。原因有三个：穿着漂亮；在脸上、脖子上、手腕上都画有产品 logo；随时保持迷人的微笑。

这就是人们常说的颜值经济。当然，不能说站岗式促销员很好，但是在特定的时空之内，充分挖掘每一名促销员的特长得以放大利用是每一位管理者必须重视的要素。

考核指标：状态是第一要素，时间是第二要素，尤其是在人流量的高峰期应该寸步不离。

2. 消费者体验式的促销员

我一直坚决反对招一名促销员，安排其足够多而杂的工作来体现费用的使用价值，促销员的工作越专一越好，就像流水线的工作一样，简单重复。

消费者体验式促销员的工作很简单，就是不间断地让消费者试吃、试喝、试用，参与与产品相关的体验游戏的同时阐述自己产品的差异化卖点。

考核指标：单独考核消费者体验的人数不好把控，这样促销员既是运动员又是裁判，无法信服。我的建议是**目标导向**，消费者体验的终极目标是产品的购买，销售数量很好统计，那么将促销当天该产品的销售金额 a 奖励给促销员。

如果是节假日，可以把促销当天该产品的销售金额 b 奖励给促销员，其中 b 要大于 a，同时要留意两个数据：一是当天试吃产品的数量；二是研究试吃前后单店销量的变化规律。

3. 冲击销量的促销员

这种类型的促销员主要工作是有效地拦截购买竞品的消费者，使其回心转意，方法多种多样，但核心思想是有效的促销武器，常见的有特价、惊爆价、搭赠、促销品（一定要有高的溢价率）等，促销员的武器越锋利，战果越理想。

考核指标：可以结合试吃前后单店销量的变化规律进行考核，同时建议此类型的促销员（长促）**增加一个退货奖励，退货率越低奖励越高**（例如：某牛奶的常规退货率是 8%，经过促销员的努力退货率降为 5%，那么中间 3% 的差额部分要给予促销员重奖）。

曾经见过一名促销员为了拿到更多的奖励，将其促销的矿泉水中的大货龄产品以多点陈列的形式放到茶叶专卖区、奶粉专卖区。只要激励的方式得当，促销员的智慧是超凡的。

4. 实时整理陈列的促销员

这种类型的促销员存在的品牌商一般是行业的头部企业，产品自带动销属性。由于产品流转比较快且 SKU 比较多，促销员的主要工作是对陈列的整理和消费者需求的指引（消费者不知道购买产品 1 好，还是购买产品 2 好)，始终保护自己产品的品牌形象。

考核指标：稽查人员不定时地抽查陈列是否合格。

5. 登门拜访的促销员

这一点我想聊一下农夫山泉的水测试。对饮用水的酸碱性教育，农夫山泉可谓是功不可没。

当时除了社区水站活动，登门入户进行水测试也是重要的撒手锏。在家庭这个隔绝外部产品的封闭场景中，是介绍自己的产品差异化的绝佳场所，农夫山泉的促销员做到了。这对促销员综合素质的要求极高，一旦实施成功，对消费者产品理念灌输的效果事半功倍。

考核指标：成功入户的家数，成功的定义是登门拜访 + 产品介绍 + 销售成交率。

写在最后

关于促销员队伍的现状，相信各位区域经理换位思考一下都能了解。

促销员的企业归属感很弱，大部分是经销商发工资，属于打零工。

收入待遇差距较大，几乎没有社保，促销员心理不平衡造成稳定性很差。

企业提供的培训和学习机会很少，个人发展受到很大限制。

基于此，对待促销员更要做到以人为本，以正向激励的手段进行考核，积极探索促销员管理的方式方法，提高促销员的综合素质，发挥促销员的作用，维护促销员权益，稳定促销员队伍，采取多种措施，做好促销员管理工作是区域经理义不容辞的责任。

六、从“促销”到“赢销”

每年的 7 月，是一年之中饮品销售的旺季，所有饮品厂家和经销商都会通过各种各样的促销手段进行厮杀，场面非常热闹。

我走访市场发现，即使是一线品牌的促销活动也存在很大问题，虽然促销力度很大，方式花样也多种多样，**但最大的问题是没有产生共振，效果往往事倍功半。**下面就个人经验和市场走访心得做如下总结。

说一下促销的目的和效果，这是一个常识，需要理解。

（1）缩短产品入市的进程。

使用促销手段，旨在对消费者或经销商提供短程激励。在一段时间内激发人们的购买热情，培养顾客的兴趣和使用爱好，使顾客尽快地了解产品。

（2）激励消费者初次购买，达到使用目的。

消费者一般对新产品具有抗拒心理。由于使用新产品的初次消费成本是使用老产品的一倍。消费者对新产品一旦不满意，还要花同样的价钱去购买老产品，这等于花了两份的价钱才得到了一个满意的产品，所以许多消费者在心理上认为买新产品代价高。

消费者不愿冒风险对新产品进行尝试，但是促销可以让消费者降低这种风险意识，降低初次消费成本，而去接受新产品。

（3）激励使用者再次购买，建立消费习惯。

当消费者试用了产品后，如果是基本满意的，可能会产生重复使用的意愿。但这种消费意愿在初期一定是不强烈的、不可靠的，促销可以帮助他实现这种意愿。如果有一个持续的促销计划，可以使消费群基本固定下来。

（4）提高销售业绩。

毫无疑问，促销是一种竞争，它可以改变一些消费者的使用习惯及品牌忠诚度。因受利益驱动，经销商和消费者都可能大量进货与购买。因此，在促销阶段，常常会增加消费，提高销量。

（5）侵占与反侵占竞争，提高市场占有率。

无论是企业发动市场侵占，还是市场的先入者发动反侵占，促销都是有效的应用手段。市场的侵占者可以运用促销强化市场渗透，加速市场占有。市场的反侵占者也可以运用促销针锋相对，来达到阻击竞争者的目的。

（6）带动相关产品市场，促销的第一目标是完成促销产品的销售。

在甲产品的促销过程中，可以带动相关的乙产品的销售。例如：茶叶的促销可以推动茶具的销售。当卖出更多的咖啡壶的时候，咖啡的销量就会增加。

在 20 世纪 30 年代的上海，美国石油公司向消费者赠送煤油灯，结果煤油的销量大增。

（7）节庆酬谢。

促销可以为产品在节庆期间或企业店庆期间锦上添花。每当例行节日到来，或是企业有重大喜庆及开业上市，开展促销活动可以表达市场主体对广大消费者的酬谢。

了解了促销的目的和效果后，下面我们探讨促销成功的四个关键点。

（一）产品流

常规的销售可以简单地定性为产品从生产企业—经销商—批发商—终端店—消费者，这是一个逆水行舟的过程，也可以理解为产品流是从低势能流到高势能的地方，没有足够的动能就会越流越慢，而促销就相当于动能补充剂，可以加快产品流的快速流通。

1. 生产企业

如何在产品流上用好这个动能补充剂呢？首先要了解生产企业的动机，生产企业促销的目的无外乎以下几种：

- 主动或者被动地打击竞品。
- 提高产品市占率。
- 增加销量和利润。
- 调节产能缓解库存。
- 快速回笼资金等。

那么生产企业是发动一场促销活动最原始的力量，同时也是产品流势能最低的地方，促销力度越大，产品流的原始动能就越大，到达消费者就越迅速。

如果单纯地认为生产企业的促销活动就是产品折价或者销售搭赠就有些狭隘了，生产企业的促销活动包括：

- **人员促销：**重点售点类似于 KA 渠道、加油站、景区等投入促销员进行产品差异化宣导。
- **广告促销：**广告作为传递信息的一种活动，它是企业在促销中普遍重视且应用最广泛的促销方法，可以迅速提高产品的美誉度。
- **公共关系促销：**营造良好的企业形象，提高消费者的信任度。
- **销售促销：**就是产品折价或者销售搭赠。
- **经销商激励促销：**规定下属经销商在某个时间段将销量或者市场占有率提高到某一数值给予的激励。

企业计划进行一次促销活动，就应该在这五个方面努力。

2. 经销商

目前中国的大部分经销商都是跟随型的，既然如此，就扮演好自己的角色，经销商最好的跟随就是提高自己的执行力。

我曾经见到一位经销商，生产企业的五板斧都抡完了，自己的渠道铺货还不见动静，最后只能事倍功半，不了了之。那么在促销活动中经销商需要扮演好什么样的角色呢？

- 配合生产企业的各种媒体促销。
- 利用生产企业的销售促销政策制定自己的渠道促销政策，快速打通批发商和终端售点，使产品流快速流通。
- 压制竞品，抢占批发和终端店的仓库和资金。
- 配合生产企业搞好重点售点消费者促销，包括驻地促销员促销、产品搭赠、投入中奖等。
- 根据市场情况加大促销力度，有一部分经销商平日自己搞促销活动，生产企业一旦开始搞促销活动，自己的活动马上停止，其实这是不科学的。在产品同质化的今天，销售低价格和产品让利永不过时。

3. 批发商

批发商是一个渠道补充，特点是产品的品种齐全，服务半径短、配送及时，没有约束、机动灵活，服务的售点相对密集，深受产品需求量小、品种全的客户的欢迎。

当然，由于生存关系，批发商对产品的忠诚度比较低，在促销活动中的角色是经销商的二级资金源和仓库，其决定性作用在于对经销商的把控。

4. 终端店

终端店是消费者竞争的最终战场，也是销售的最后一站。怎样做好终端店，之前的文章作过详细的介绍，这里就不多叙述了。

值得强调的是，厂商的促销活动一定不要忽视终端的市场费用投入。拿饮料举例，旺季终端需要投入冰柜陈列、割箱陈列、货架陈列、端架陈列、堆箱陈列等，很多企业都面临同一个问题，常规销售和促销活动销售对终端店的市场费用投入没有变化，典型的虎头蛇尾。

一些企业类似于农夫山泉的天降财神（冰柜里塞几瓶就奖励几瓶，

终端店显眼位堆几箱就奖励几箱等）、百岁山（终端店门口堆一件奖励现金 10~20 元）、怡宝（堆到店内将陈列费和搭赠捆绑执行）将终端店促销和终端店的陈列投入合二为一，起到了 1+1>2 的作用。

5. 消费者

消费者促销是促销活动的终点站，也是评分站。一次促销活动是否合格，可以打几分，完全取决于消费者。常见的消费者促销有类似于买一送一的买赠活动、一物一码的扫码活动、再来一瓶的直接活动、促销员介绍和免品活动等。

值得提醒的是，当你的产品的产品力不足时，消费者促销活动必须落实执行，没有拉动就没有动销，前功尽弃是常见的事。

总结：以上介绍的是促销活动的产品流，**要成功搞好一次市场促销活动（从生产企业的起点到消费者的终点），必须路路畅通，哪里不通就疏通哪里，一个环节出问题就会导致满盘皆输。**当然考核操盘手的不仅仅是疏通能力，还包括对各个环节的费用投入和费效管控能力。

（二）考核链

产品流是指在促销过程中产品的流向环节，考核链是指在各个促销环节中的人员问题。

好的促销方案需要人员来完成。同一套方案一个战狼团队和一个绵羊团队产生的结果有天壤之别。人性的本质是趋利避害。

人员的流向有哪些？生产企业车间团队—生产企业物流部—生产企业销售部门、市场部门、其他部门—经销商团队—批发商团队、终端店团队—终端店驻地促销员。这些单位均是平行单位，社会分工不同，考核激励也不同。

1. 生产企业车间团队

一个常被考核激励忽视的团队。拿饮品企业试想一下，销售旺季是

6 月—8 月，是一年之中最热的季节，车间温度高达 35～40℃，虽然目前高速机械化的生产线可以取代部分人工，但即使是少量的人员也应该被关怀。

一般企业生产团队不会找储备人员，工作强度增加，没有人员激励，人员就会失衡，就会产生问题。例如：能效降低、设备损耗提高、残损增加、产能不足、稍有不适就请假休息等，这相当于在促销源头上埋下了一颗定时炸弹。所以，车间团队可以根据这些问题设置人员考核激励。

2. 生产企业物流部

目前国内的生产企业很少有自己的物流系统，物流部的工作职责就是对接物流公司找车发货。**一般情况下，这个部门只有在供不应求和月底业绩冲刺的时候才被所有人重视。促销方案一旦形成，销量必然会猛增。**

此时，对待物流团队发货的实时性、准确性、后期和经销商对接的责任心、突发事件的处理等就显得尤为突出，市场如战场，时效性很强，你的产品并非不可替代，货迟到一两天就有可能造成订单的流失。所以，考核激励必须跟上。

3. 生产企业销售部门、市场部门、其他部门

这些部门是生产企业的重点考核激励对象，这里不作过多的阐述。但想强调一下所谓的其他部门，如人事部、财务部等，前方打仗，就会有人员流失，就会有费用产生，如果下游团队的将士不能及时补充、费用不能及时到位，效果也会大打折扣。

我亲身经历一位经销商由于公司市场费用 3 个月没有核销到位、厂家对接人员空缺又长达 2 个月，结果这个市场几年缓不过来，年销售额减少 2000 多万元。考核激励也是在制度允许的范围内责任心高度聚焦的体现。

4. 经销商团队

这个团队由老板和员工构成。试想一个问题，威力巨大的促销活动需要厂商合作，经销商也会让利出去，让利部分包括团队的人员奖励、市场渠道让利等，如果经销商的销量翻了几倍，但是利润没有增加，在做预算的时候心态就会发生变化。

建议给予经销商团队考核激励，如市占率提高或者降低的考核、铺货售点增加或减少的考核、销量增加或减少的考核、回款的考核等。

5. 批发商和终端店团队

严格意义上讲，这个团队不应该叫考核，应该叫奖励，通过调节渠道促销价格激励批发商和终端店接货，抢占资金和库存。针对批发商，可以由经销商出面给予新品导入奖励和新开发售点奖励，针对这两者可以以月和季度为单位设置间断性累计销售奖励。

6. 终端店驻地促销

促销员是市场一线的推广人员，必须经培训合格后上岗。促销员的主要问题是流动性强、责任心弱，积累促销经验难度大。

如果在旺季促销活动中促销员更换频繁，就无法积累解决各种各样的消费者提出疑问的经验，做不到无缝对接；没有融入感，磨洋工的情况就会频发；将产品卖给消费者是对消费者最好的说服。所以考核需要解决的问题是：**降低旺季促销员的离职率，增加销量奖励。**

总结：考核链是确保促销活动自始至终的有力保障，通过有效的考核体系，约束所有参与促销活动的人员，打造利益共同体方可事半功倍。

（三）促销活动的分类常识

促销活动五花八门，这里就不一一介绍了，需要强调几点。

从时间来看，促销分为长促和短促。长促适用于常规促销，不建议多变，要保持。短促适用于惊爆促销，时间短，否则会在牺牲利润的同时降低产品在消费者心中的价值。

渠道促销分为本品搭赠和实物促销两种，新品建议实物促销，避免自降身价。

广告促销要优先铺货团队促销活动至少一个月，要在铺货团队促销活动结束后再结束，善始善终，降低铺货难度，加快动销速度。

（四）天时、地利、人和

1. 天时

运作全国市场的生产企业在发动促销活动时，一定要考虑到天气因素等客观存在的情况。

我曾经服务的一个水企在 6 月发起一次促销活动，全国同时进行，活动时间 12 天，结果南方在这 12 天里天天下暴雨，洪灾严重，活动结束后发现还没有平时的销量高。所以促销活动统一制定，在一定的时间范围内可以自主展开。

2. 地利

任何一个产品的市场区域均有强弱之分，促销力度不可一刀切。在整体费用投入一定的情况下，对强势区域的人员激励投入大一些，对弱势区域的渠道费用投入大一些。

3. 人和

上下一心，齐心协力，再创辉煌。

总的来说，在任何社会化大生产和商品经济条件下，**一方面，生产者不可能完全清楚谁需要什么商品、何地需要、何时需要、何价格消费者愿意并能够接受等；另一方面，广大消费者也不可能完全清楚什么商品由谁供应、何地供应、何时供应、价格高低等。**

正因为客观上存在生产者与消费者间“信息分离”的“产”“销”矛盾，企业必须通过沟通活动，利用广告、宣传报道、人员推销等促销手段，把生产、产品等信息传递给消费者和用户，增进其了解、信赖并购买本企业的产品，以达到扩大销售的目的。

随着企业竞争的加剧和产品的增多，消费者收入的增加和生活水平的提高，在买方市场上的广大消费者对商品要求更高，挑选余地更大，因此企业与消费者之间的沟通更重要。企业更需加强促销，利用各种促销方式使广大消费者和用户加深对其产品的认识，以使消费者愿意多花钱购买其产品。

促销活动的作用在于对产品施加推力，使产品能够更快地进入市场和扩大市场。我们看到，在市场上并非每一个公司都做广告。虽然每一个公司都无一例外地开展促销，但是效果评估不那么理想。

最后希望每一位促销活动的审批者都能关心和了解产品流、考核链，评估促销形式，把握天时、地利、人和，将事业带上一个新的台阶！

第五篇

深度分销过时了吗

一、深度分销不过时，但需升级迭代

在一些公众号或者论坛中常看到：深度分销已经失灵了，深度分销应该马上淘汰之类的言论，但究竟是不是这样呢？

先看看深度分销的本质是什么？所谓深度分销：

- 利用铺货和网点高覆盖率做好终端店布局。
- 利用售点生动化布建做好终端建设。
- 利用合理满意的利润对终端店老板作出有效的激励。
- 利用产品卖点、销售技能培训、有效沟通、售后服务等给经销商赋能，做好终端店高效服务。

这一切都是建立在消费者对产品已经认识，或通过其他手段可以让消费者快速认知产品的基础上。有了认识才可以发生交易，进而产生关系，销售运作体系闭合且稳定。

如果你的产品是新品，又是非一线、非主流品牌，这样做还有价值吗？

就像一位生产山楂汁的老板和我沟通："深度分销已经彻底失效了，我的山楂汁在某省会城市利用深度分销做了 3000 家割箱陈列，产品价格在主流价格带，陈列费用很高，陈列位置最佳，生动化有严格要求，并且已经做到位了，结果换回来的是大面积的退货。"

我回答："如果按照深度分销的标准操作的产品是山楂树下，会不会有同样的结果？"老板回答："应该不会，山楂树下在这个品类是一线品牌，动销应该会比较快。"

大家想一想，这两个山楂汁饮品的本质区别是什么？

与其说品牌，不如说是消费者认知，有了消费者认知，深度分销就能大显神通，如果没有消费者认知，深度分销就力不从心。

随着人们生活水平的不断提高，人口红利的丧失殆尽，个性化、定制化需求不断累加，品牌化产品供远大于求，消费者的教育与灌输的成本越来越高。

深度分销反馈到终端店上就是头部的品牌产品越来越强，腰部及以下的品牌产品消失得越来越快，这也可以正常理解为什么有人说深度分销威力无比，有人却说深度分销毫无用处。

如何由深度分销继续下沉到深度动销呢？

深度分销利用渠道驱动的能力，既可以帮助企业消化产品，又可以利用渠道拓展的优势，让消费者“处处可见”，它的底层逻辑是从上游到下游的“卖”。

深度动销则恰恰相反，通过构建消费者的认知，拉动消费者的需求，它的底层逻辑是从下游到上游的“买”。

（一）深度动销之一：品类陈列，突出竞争优势，塑造消费者新认知

今麦郎推出的苏打水：大家都知道名仁苏打水算是这个品类的老大，品类陈列就是和老大贴身肉搏，今麦郎塑造的就是消费者新认知：

- 零售价格一样是 3 元。
- pH 是 8.0。
- 容量比你多 74ml，还有机会再来一瓶。

如果你不是名仁苏打水的铁杆粉丝，购买意愿会不会动摇？

白象多半桶塑造的消费者新认知：一样的口味，一样的克重；价格实惠 0.5 元。如果你不是康师傅的铁杆粉丝，购买意愿会不会动摇？

（二）深度动销之二：场景设置，突出购买意图，塑造消费者新认知

每年春节的时候，对于适婚男女来说无疑是一次渡劫，家里安排了无数次相亲，尤其是大龄男女，家里恨不得马上就见对方家长，一个巨大的痛点，见面最好带点礼品。

天地一号塑造的消费者新认知：一句美好且符合心声的祝愿，天地一号扛两箱，阿姨变成丈母娘。如果你和女朋友一起去超市买礼品，会不会购买，不买总感觉不想让阿姨变成丈母娘，营造消费者购物场景很重要。

（三）深度动销之三：气氛烘托，与节日气氛紧密结合，塑造消费者新认知

每当快过年时，方便面也穿新衣，迎新春，走亲访友讨个吉祥，尤其是今麦郎方便面塑造的消费者新认知就是：吃大面，过大年，大吉大利，大团圆。深化一桶半，面块大，简简单单一个“大”字。新认知就是实惠。

（四）深度动销之四：品类联想，连带购买，搭建消费者品类认知桥梁

方便面和火腿肠是消费者心中的绝配搭档，消费者购买其一时，无疑会本能地购买另一种。如果在这个位置放置你的方便面或者火腿肠呢？

这样的案例有很多，茶叶和奶粉的旁边是饮用水，白酒的旁边是苏打水等。

（五）深度动销之五：锁定特殊高销量售点，实行专卖，让消费者在品牌内选择

康师傅在一个学校的食堂煮面点实行专卖，一个月的销量相当于几个批发店，学生只可以在康师傅品牌内选择高价面还是中价面。

一是销量有保障；二是产品保质期过半有消化场所；三是强化康师傅品牌认知。

（六）深度动销之六：一线品牌，品牌陈列，强化消费者认知

品牌陈列的核心思想是：排他，做好防御战，不让其他品牌“沾光”，通过自己大排面、整齐划一产生的气场，强化消费者认知。

（七）深度动销之七：动销力不够，礼品来凑，改变消费者认知，换维竞争

改变消费者认知，如图 5－1 所示。

图 5－1　改变消费者认知

君乐宝改变了消费者的认知：

- 一样的价格多送一个杯子。
- 杯子精美，可能为了杯子买牛奶。
- 换维竞争思路，我的品质和你的差不多，玩法新颖，明天送精美茶具，后天送精美餐具等。

其实这种操作比较有代表性的是健达奇趣蛋，三个愿望一次性满足（一是惊喜；二是美味；三是玩具），不胶着于和竞品比食品，比的还有惊喜和玩具。

二、你的深度分销还没做好，就跟着喊失灵了

笔者实地拜访一位伊利经销商朋友（李总），刚进门，看到他正语重心长地和一个提出离职申请的业务员沟通。

经过了解，该业务员在公司服务了近三年，业绩在其团队一直不错，但是近期反馈："现在每天早出晚归，完成网点拜访难度越来越大，销售任务也越来越重，坚持不下去了。"结果挽留无效，该业务员铁了心要离开，估计是已经找好下家了。

李总有些郁闷，坐下来和我谈：**"生意越来越难做，人员也越来越难留，线上冲击越来越大，线下深度分销威力越来越小，不知怎么办。"**

我分析：李总很久没有深入一线了，至少没有以业务员或者督查员的身份去一线走访市场，一家一家逐一拜访。

第一，生意越来越难做。的确，增量市场变为存量市场，市场从大家都有饭吃到相互抢饭吃，压力增加不少，但是伊利作为头部乳品，占据品牌力等诸多优势，应该还有市场。

第二，人员越来越难留。留人是钱和感情的事情，李总在为人处世方面很好，肯定是钱的问题。钱来源于销量，销量来源于网点数量和单点产出。网点数量够吗？单点产出高吗？两者提升空间大吗？

第三，线上冲击越来越大。线上冲击主要是价格（特价时候便宜）和便利因素（到家服务）。据我所知，绝大多数时候，李总的主销品项和主销价格与线上一模一样，社区便利店布局社区更是密密麻麻，线上对李总的生意应该影响不大。

第四，线下深度分销威力越来越低。

消费者购买产品有三种可能：

一是点名购买某一产品。例如：进店就问老板，来一提金典。

二是摆出来也能卖。例如：河南的乳业花花牛，摆出来消费者也接受。

三是需要老板推荐。其他三线乳品品牌，对于伊利来说产品动销基因还是很强大的。很多购买情况属于第一种，我猜想一定是李总的分销通路出现了问题。

我又说："您所在的市场大约有 60 万人，按照传统饮品网点预估应该有 60 万 ÷ 400 人 = 1500 个网点，把牛奶打一个折扣，就算 1000 个网点，您服务了多少？服务质量如何？"李总支支吾吾说不清楚。

深度分销的核心，是更加合理地布局分销通路，提高服务网点的数量和质量。网点的数量是否合理我们一会儿看看，网点的质量要安排文员做一个表格。如表 5 - 1 所示。

表 5 - 1　网点质量调研表

月度销售额	服务网点数	占比	月销售总额	占比
10 万元以上				
3 ~ 10 万元				
1 ~ 3 万元				
0.5 ~ 1 万元				
0.3 ~ 0.5 万元				
0.1 ~ 0.3 万元				
低于 0.1 万元				

此时我们整理了一下，开车走访城区、乡镇、村落各级市场，发现如下问题：

在市区许多传统渠道新开发网点由批发商服务，业务员怕得罪大户，把网点让给批发商，此时竞品却在规律性地拜访。终端店老板很久没有见到经销商的业务员，批发的短期利润行为导致部分终端因调货困难不再合作。

现代渠道布局100%，形象较好，生动化布局较为完善的主要原因是李总关注度很高。

乡镇网点覆盖率很低，不足50%，部分村里售点区域零星可见。

路上遇到业务员，业务员手中并没有区域路线图，对自己区域市场的界限也没有明确认知，东一榔头西一棒槌地走市场，一天拿了6个订单，晚上总结发现其他业务员的情况类似。

晚上回到办公室，文员的数据也出来了，更是惊人：网点数量很低，预估是竞品的80%左右，网点质量参差不齐，低销量网点占比很高，尤其还存在部分网点2个月接一次货，月均销量只有几百元，业务员平均日订单不足10个，客户日接货率不足30%。

看到这个数据和实际情况，李总沉默了，之前说的那四个“越来越”不成立了。

究竟如何改善呢？我们分以下几步从深度分销的角度来提升其分销能力。

（一）第一步：亲力亲为，终端盘点网点

收集市场行业网点信息，同时实地走访，落实具体情况，建立网点档案，包括但不限于我司产品和主要竞品的实际情况和终端表现动作，每月一更新。

门店涉及品类销售容量；竞争情况，各品牌销售表现和竞争态势；终端表现，各品牌分销、位置、陈列、价格、库存、助销、促销。

（二）第二步：确定靶向服务网点

先算一笔账，单个网点保本销量 =（业务员成本 + 后勤人员成本 + 仓储配送成本）÷单件利润。由此衍生出三种情况：网点销量大于保本销量；网点销量等于保本销量；网点销量小于保本销量。

显然，第一种和第二种情况可以由我司人员服务，第三种情况根据潜力情况绝大部分要交与批发服务（产品搭批发车上路）。

当然，对于其他产品而言，靶向网点一定是更加适合产品的销售场所，也是新品铺市首批要拿下的网点。

（三）第三步：线路规划，明确区域边界

线路规划关系到业务的作业区域，良好的线路规划可以大大提高业务员的市场作业效率，同时减少业务员之间的纠纷，要求以主干道、街路为分界点（注明街道左右区域归属）。

注意各片区产出均衡，服务网点数均衡，保证每日店内时间均衡，每日拜访半径均衡，拜访顺序合理，业务员手中一定要有清晰的边界示意图和必要的文字说明，确保权责分明。

（四）第四步：服务规划，策略规划

设计各渠道网点的服务策略，卖场、MA 店、流通店、特通店等模式不同，渠道策略也不同。

例如：流通渠道根据服务网点的数量和店内时间来权衡业务员个数，现代渠道可以根据店的规模和销量来权衡业务员个数，特通渠道可以根据渠道类型和单点间距来权衡业务员个数。

原则只有两个：网点服务最大化和业务拜访便利化。

这里要提到深度分销的人员配置问题，市场人员配置由几个方面决定。例如：传统渠道有靶向网点500个，业务日工作时间为480分钟，单店店内服务时间是10分钟，在途时间为150分钟，晨会时间为30分钟，拜访频率为一周一访，那么业务员的在店总时间 = 480 − 150 − 30 = 300分钟。

一天可以拜访30（300 ÷ 10）家店，一周可以拜访180（30 × 6）家店，服务500家店需要人数2.78（500 ÷ 180）人，此时流通的编制是3人。

（五）第五步：一切就绪，要不间断地跟踪和检核

此时**终端系统尤为重要，深度分销能否成功，规划设计固然重要，但是这些东西能否落地执行更重要。**

例如：业务员的到店率、拜访成功率、进店和出店时间、在店时间、工作时间轴、店内执行情况等，多维数据采集决定了他的上级管理人员是否有千里眼和顺风耳。主管要每日进行数据回顾，定期重新梳理线路，确保深度分销落实下去。

李总经过改善，市场和团队有了明显的好转，业务绩效稳步提升，加班时间逐渐降低，人员也逐步稳定下来。经销商经营困难要多从自身找原因，不可人云亦云。深度分销是否有效要研究自己是否都做到位了，多到基层市场走访，什么情况都明白了。

经销商经营一线品牌，产品具备强大的品牌力和动销力，做好深度分销，销量不必担心；经营非一线品牌，做好深度分销，延伸到做好深度动销，也不必担心销量。

三、拿起终端工具，重做深度分销

从李总的市场离开之后，我到达赵总的市场。赵总主营农夫山泉和其他休闲食品，见到他时，他正在组织人员处理年货，受新型冠状病毒肺炎疫情的影响，产品保质期已经过半，需要尽快消化。

赵总是一位老经销商，其商贸公司在当地有一定的影响力，经营快消品十年有余，但是近两年面临市场萎缩、业务员频繁离职的问题，还有来自品牌商的销售任务压力，深感困惑。如何才能扭转局面是他邀请我来考察的主要原因。

见到赵总后，我让他填写了一个表格，如表 5－2 所示。

表 5－2　销售调研表

年份	年销售额	离职人数	合作网点数	水堆家数	批发商数	堡垒终端数
2018 年						
2019 年						

表 5－2 填写完毕之后，数据可以说明一切：离职人数增多，说明网点服务不稳定，服务质量也会下降；合作网点数下降，说明销售基本功和市场基本功松懈了；水堆家数下降，说明放弃了农夫山泉的核心竞争力“大店大水堆，小店小水堆”；批发商数及堡垒客户丢失，说明赵总对其关注度不足。

赵总是一位思维活跃、与时俱进的老板，80 后，生意规模达 8000 万元，这两年为了抓住风口，在 B2B 不断投入，亏了不少钱。

我给出的建议是：市场操作没有一招制敌的技巧，探索新事物适可而止，跟随但不迷恋，专注做好农夫山泉品牌，重拾深度分销，活在当下。

但是赵总不这样认为，他疑惑地说：**“深度分销首先要做到人员、车辆完善配置，然后是区域网点调研、线路规划和业务渠道作业模式，这是 10 年之前的事情了。现在都什么年代了，还做这些事情，太过时了。”**

于是，我们一起走访市场，从市中心纵向走访到郊区，合计走访了 20 家店。

结果，小店几乎没有人来服务，没有水堆，没有消费者交流信息；陈列店水堆不标准，位置不理想；批发门店压货很多，但是没有先进先出，冰柜陈列不强势，不如当地一个小饮料厂的市场氛围搞得好。

赵总此时也有顾虑，但是直觉反馈是：做这些耗时耗力，不如在线上（小程序）搞一波大活动，把消费者拉回来，或者利用 B2B 平台结合线下出一个政策，打压一下竞品。

我说：“你在开发新市场方面已经本末倒置了，农夫山泉的品牌力还需要你在线上做太多的消费者拉动活动吗？目前连一个小店都做不好，还提和竞品抗衡？

“对于你来说，经营产品特有的消费场景更适合线下分销。例如，消费者喝一瓶饮料，他的需求是随机的，说不准哪一会口渴，买一瓶，不太可能在线上购买到家或者随身携带，同时也不可能是冰镇的。”

科技在进步，深度分销也需要进一步迭代。十几年前的深度分销主要是手工数据分析，数据能力很弱；如今的深度分销 + 终端手机系统，让市场监督深入化、业务作业可视化，终端情况时时监控化。所以拿起终端工具，重做深度分销吧。

深度分销的具体规划步骤如下：

（一）第一步：深度分析，增强厂商深度分销的信心

- **算账，根据目前的实际情况分析。**

支出费用：业务员工资，市场损耗，物流仓储费用平摊到个人。

收入情况：按照一名业务员服务 150 家网点分析销售总额、利润总额和深度分销优化后利润增额。收入大于支出，坚定不移地执行；收入小于支出，万项精进后执行。

- **强化基础，增量减量考核。**

毫无疑问，深度分销可以强化销售基础工作和市场基础工作，带来销量的增长。相信任何一位品牌商给予市场费用支持都有自己的规定，不符合规定就不会给予市场费用的核销，深度分销可以大大降低品牌商给予市场费用方面的考核。

- **有效地防御窜货的产生，服务到位了，客情就到位了，窜货也就减少了。**
- **有效地增加高毛利率产品的销售，更好地调整经营利润结构。**

（二）第二步：明确深度分销的目的

利用数字化工具梳理网点：网点数量、网点销量等级、空白网点开发、网点质量等。

线路规划：业务服务最大化，拜访便利化和高效化。

人员作业标准化：终端作业成功图像，形成执行标准，整齐划一。

（三）第三步：终端网点调研

网点数量预估：饮品的网点数量可以按照当地人口数除以 400 进行

预估。

人员配置：可以按照网点预估数除以 150 进行预估，每人服务 150 个网点。

网点盘点：网点采集标准、渠道标准、当天采集目标制定、协同拜访标准，目的是地毯式地采集一遍，不漏一条街，不漏一家店。

品牌商协助：经销商可以和当地销售负责人协商，组织集中会展，厂商人员一对一帮扶，复制。

时间：采集工作持续 6 天，每晚进行采集汇总和区域锁定，同时强化拜访八步骤，强化标准化作业。

（四）第四步：采集网点分析

针对传统渠道的调研结果，进行分业务、分片区、分网点的不同维度分析：

分业务：下属网点的拜访频率、作业时间、在途时间、店内时间等。

分片区：明确责任市场边界，精确到街道描述。

分网点：网点等级、网点渠道类型、是否投入费用等。

（五）第五步：由点定线，确定线路

制定拜访顺序，线路之间的规划要合理。

拜访的同时验证线路规划是否合理，是否需要微调。

定线的时候要注意，不同类型的网点需要不同的服务政策，在当天线路中要特别标注。

（六）第六步：落地实操，指标量化跟进

坚定不移地按照线路拜访，做到高质量的拜访和深入的沟通。在增进客情的基础上，同时明确拜访频率，重点网点可以做到一天一访。

市场作业标准化执行，要不断地培训和矫正，让业务员养成良好的作业习惯。

空白目标网点开发执行，设置开发目标，由易到难，给予人员激励。

合作网点增加 SKU，设置主销产品和辅销产品店内 SKU 数，制定考核。

（七）第七步：数据化跟进，不断完善，确保结果

深度分销到这一步算是初步完成，接下来的是一场持久战，利用终端数据化系统规范业务员的销售动作及加强市场操作过程化管理，确保达成既定目标。

持续的绩效考核：数据化确保第六步量化指标达成，不真实的激励比不激励更加可怕，所有的激励必须公开化和透明化，确保深度分销的落地执行。

持续的检核机制：执行力就是不间断地跟踪和检核，办公室人员和主管人员相互配合，办公室文员负责后台系统的检核，发现异常，告知主管人员进行实地了解，形成一套检核激励标准。

网点监控机制：通过终端系统不间断地关注网点的陈列情况、库存情况、货龄情况、竞品整体表现情况等，确保强化市场作业标准和提升终端服务的目的。

结果反馈：赵总利用一周的时间把深度分销重做了一遍，网点增加了 500 多个，新增线路 20 条，新增业务员 3 名，终端执行逐步标准化，

售点销量在稳步提升。更重要的是，市场氛围和团队氛围有了很大的改善。相信在不久的将来，赵总的生意一定会越做越大。

写此文的目的并不是排挤新型的营销模式，只是想告诉厂商，就国内目前的市场形态，没有哪一种模式可以完全取代深度分销，厂商更应该拥抱新事物，并且活在当下。

经销商经营一线品牌，产品具备强大的品牌力和动销力，做好深度分销，销量不必担心；经营非一线品牌，做好深度分销，延伸到做好深度动销，也不必担心销量。

四、做好深度分销后产品就一定畅销吗

经销商做好深度分销之后产品就一定可以卖得好吗？

答案是不一定，要看是否满足产品动销逻辑。事实上，很多品牌商和经销商都在犯同样的错误。品牌商推出新品，简单要求铺多少个网点，做多少个陈列。经销商接到指令后，落地执行，结果就是铺得越多，临期产品越多，陈列做得越多，陈列费用浪费越严重。

快消人员在市场中常见的一个问题是，一个品牌力比较弱的品牌，产品生动化做到最佳、排面做到最大化、综合陈列做到店内最优，但是销量的增幅不是很大，或者说远远达不到自己的预期。

投入和产出严重失衡，如果该店内同一品类的产品突然断货，你的销量就会有看得见的增长。

大部分从业者就会总结出：执行店内同品类专卖是最好的办法。的确如此，简单粗暴、行之有效。

好像任何一种市场手段均有自己的弊端，执行品类专卖的弊端有两点：**一是费用较高，不是长久之计；二是专卖只能在某些渠道、某些网点、某些客情基础上进行，不可通用。**

我们探讨一下，你的产品铺货后不动销，是否踩到了以下五颗雷。

（一）雷区一：品牌力和渠道力割裂运作

一种产品铺市具备两种潜在能力：一是产品与生俱来的品牌力，这是品牌商赋予的，体现的是品牌商的综合实力；二是产品铺市的渠道

力，这是经销商赋予的，体现的是经销商的综合实力。

两者组合就衍生出四种现象：

A. **强品牌力 + 弱渠道力：**就像实力派演员被雪藏，施展不出技能。产品展示受阻，动销必慢。

B. **弱品牌力 + 强渠道力：**就像富二代想当演员，资源丰富，可以轻易登上各类舞台，但是吸粉能力太弱，需要慢慢沉淀。产品展示足够，动销需要慢慢发力。

C. **强品牌力 + 强渠道力：**就像实力派星二代，正确引导后可以很快成长为大明星。产品动销有很大机会快速崛起。

D. **弱品牌力 + 弱渠道力：**这个产品很难做起来，动销遥遥无期。

总结：在产品严重同质化的今天，消费者被动地接收产品信息，品牌力和渠道力不可割裂开来，要互为彼此、相互成就，强强联手是绝佳选择，一强一弱要全力弥补不足。

（二）雷区二：生动化逻辑就是把产品摆放得很美观

品牌商、经销商会花很多精力把自己的产品生动化做到美轮美奂，能够第一时间抓取进店消费者的眼球，企图加快动销。

这种办法是沿用了 20 多年的老套路，不可说毫无价值，但是随着市场的发展，其局限性也越来越明显。

例如：一个消费者并不熟知的产品，即使陈列生动化做得再“高大上”，对于消费者而言，只是过去看看或者凑凑热闹，产品购买的转化率还是比较低的。

为什么呢？因为消费者只是看到了产品，但并不了解产品，产品的动销力可想而知。

总结：生动化的逻辑本质是消费者的购买逻辑。无论是品牌商还是经销商，做生动化的意义在于告诉消费者为什么购买你的产品？你的产品的差异化或者特性在哪里？

生动化只是你的产品被认识的表达形式，所以终端生动化是产品逻辑的表达和传播，而不仅仅是一个华而不实的表象。

（三）雷区三：购买逻辑不符合品类既有认知

消费者都有自己的既有认知，不要轻易地做违背既有认知的事情。

在北方市场推广海鲜，在南方市场推广猪肉炖粉条，显然不符合当地消费者的既有认知，这样产品动销就无从谈起。

有些企业就很聪明。以前很多企业在推广绿茶时发现，消费者的认知是绿茶就应该是绿色的。

而实际操作中，很多绿茶茶汤的颜色是黄色的，为了顺应消费者的认知，搞明白的企业就将绿茶的瓶子做成绿色的，顺应消费者认知后产品的动销力就越来越强。

总结：如果没有足够的能力，就不要轻易地挑战消费者的既有认知，这是动销逻辑的底线。

有人会提出疑问：我没有足够的实力改变全国消费者的认知，但是有足够的信心和实力来改变区域市场消费者的认知。哪怕一个省会城市、一个区甚至一个居民小区，逐步灌输，逐步改变消费者既有认知，以增强产品的动销力。

我想说的是：如果在40年前是可行的，当时交通不便利，人们获取信息的渠道很单一且严重不足，但是如今不行了。**你刚刚改变了一批消费者的认知，说不定一个抖音、一个公众号文章就可以让你的心血付诸东流。**

（四）雷区四：轻易挑战消费者认知

农夫山泉给很多企业上了一课，用十几年的付出和坚持不懈，告诉消费者一个道理：天然弱碱性水对人的身体有好处，应该坚持饮用。

这成功地颠覆了消费者的一个认知：纯净水、矿物质水对身体有害，并不是越纯净的水越好。

农夫山泉的动销力位于瓶装水行业老大的位置不可动摇。于是很多企业也开始效仿，纷纷借力自己产品的差异化树立消费者的新认知，建立竞争壁垒。

这里面需要强化一个问题：你的企业是否具备农夫山泉几十年如一日的毅力和源源不断的财力？

总结：消费者的固有认知不一定正确，大企业在资源和毅力均具备的情况下可以挑战消费者的固有认知。一旦成功了，您就是这个行业的老大，在行业里就有话语权，甚至具备制定行业标准的能力。

如果是小企业，那么建议您顺应消费者的正确认知，规律不可逆、认识不可违，积蓄力量，寻求发展。切不可逆势而为，拿产品动销力开玩笑。

（五）雷区五：努力培养一个投错胎的产品

有些产品很好，天生具备良好的品牌力、渠道力，但是产品动销不会很快，原因在哪里？

一位做礼品的实力派品牌商，研发出一款产品力较强的即饮性饮料，大家认为他会成功吗？品牌商和经销商的努力会付诸东流吗？

我告诉大家：企业有企业的固有属性，产品有产品的固有属性，两者如果不能匹配，想成功几乎是不可能的。

例如：礼品属性和即饮属性的底层逻辑是不同的，市场操盘也是不同的，品牌商如果做自己不擅长的事情，就相当于从产品的根部切断了动销力。

后期品牌商和经销商的努力就相当于培养一个先天性不足的孩子，很难。

在此建议：**不要让一个好的产品投错胎，如果品牌商实在想要这个**

“孩子”，那么单独找一个好的“养父母”去带他吧。

小结：以上五个雷区是产品动销力不足的常见误区，希望快消品厂商引以为戒。

分销逻辑和动销逻辑是相辅相成的，不可顾此失彼。对于很多品牌商和经销商来说，对深度分销早已轻车熟路，但是此一时彼一时。

随着人口红利的消失，消费市场早已从增量型转化为存量型，品牌商和经销商也必须随之改变，深挖一层，要由深度分销（终端网络层面）快速向深度动销（消费者层面）迈进。

第六篇

业务员的激励与考核

一、选择业务精英的标准是什么

我曾经的一位领导在一次会议上分享了自己当选营销总监的过程，他说："在最后一轮董事长面谈中，提出的问题是你们四位在公司工作的时间都比较长了，自认为为公司作出的最大贡献是什么？其他三位分别谈了业绩增长、费用降低、市场改善等，唯独我提出在公司工作的四年时间里，从我的团队走出去五位销售经理，并且其中两位是今年的公司年度优秀销售经理，最后我晋升了。"

企业的竞争实质是人才的竞争，一位管理者是否合格，要看其手下有多少文武双全的大将。一个团队的业绩是否优良，要看该团队里有多少业务精英。

今天就业务精英的话题和大家分享一下。

（一）区域经理遇到的困惑和业务精英标准的制定

很多区域经理都有一个困惑，总感觉自己团队里的业务精英不够完美，区域经理根据自己多年的经验，凭着感觉和外在条件选人，很容易陷入一个死循环：**业务精英找不到—业务精英找到却招不来—业务精英招来却留不住**。然后，继续寻找。

如果不打破固有思维定式，永远无解。区域经理的思维惯性有哪些呢？**一看年龄、专业和学历；二看相貌和态度；三看工龄和经验，尤其是同行业一线品牌先进的工作经验。**

面试者在沟通过程中，这三板斧抡完之后基本上人员是否被录用就敲定 90% 以上了，其他面谈也是形式性的、象征性的。

这样招聘进来的业务精英是不是你自己需求的呢？我看是一半对一半。原因有三个：**一是学历和专业只能证明面试者之前在书本上是合格的，有些片面；二是面试的时候面试者表现出来的态度也具有片面性；三是有些人在一线品牌原地打转，工作是不停地重复，干十年和干一年的经验一样，更加片面。**

那么选取业务精英的标准是什么？

现在，我的下属团队有近 20 名销售经理，每位经理有下属4 ~6人，做过连续几个月的数据分析，发现一个现象：按照惯性思维招聘而来的业务精英，销售经理去掉 2 个，业务员去掉 8 个，公司业绩几乎零变化，而打破常规，按照新制定的标准补充去掉的人员，公司的业绩却提升了 21% 。

总结出一个规律：**良好销售业绩的出现与业务员表象的信息没有太多的关系**（这个信息就是管理者惯性思维下通过面谈直接获取到的信息），**而与其紧密相关的是隐性信息，也可以叫作销售天赋**（需要借助测评工具或者具体实际案例采集获取）。表象信息包括学历、专业、人脉资源、年龄、工龄、经历和经验等，隐性信息包括性格、个性倾向、工作态度和作风、内驱力等。

业务精英选取隐性信息的五大基本准则如下：

1. 内驱力

喜欢销售工作，并且有房贷、车贷和小孩的业务员，相当一部分人从事销售工作是迫于无奈，找不到其他满意的工作、不喜欢约束或者出于生计才加入销售团队，主观上是排斥的，这种类型的人不能用。

喜欢是第一驱动力，生活压力是第二驱动力。如果一个应聘者同时具备这两种属性，那么加入团队就有 60% 的可能性成为业务精英。

2. 骨子里的自信

自信的人永远是有活力的，永远是有干劲的。对于销售这份需要满腔热情和热血的工作来讲，没有自信是万万不可以的，是很可怕的。因为你都不相信自己，还怎么让别人去相信你呢？

3. 销售的悟性

悟性就是一个销售人员在面对客户的时候能从内心、骨子里完全明白客户的言语、内心及身体语言的所有意思。对于营销人员来讲，如果没有市场悟性，在营销界算是没希望了。

因为市场永远是变化的，仅靠学校里学的那点理论知识是没办法拿出来混饭吃的，必须凭着自己的悟性不断进步，这样才能在营销界立足，才能做一个称职的营销人员。我认为悟性是先天性的，就像老百姓所说的开了销售这一窍了，**不开窍的则无法培养成为业务精英。**

4. 日常德行

客户和业务员的关系维系，从根本上来自销售人员的道德水准，客户永远喜欢这样的销售人员——信守承诺、能担当责任、能热忱付出。业务员最大的悲哀，不是被客户欺骗，而是被客户不信任。**在社会商业活动中，最稀缺的因素就是诚信。**

5. 习惯优秀

如果一个人上的大学挺好，找工作也挺好，在企业里也是优秀员工，那么他做事情也比较容易做成。有些人天生对自己要求就比较高，他做什么事情成功的可能性都比较大。你就要去找这样的人。**人的优秀是一种习惯，优秀的人会一直优秀。**

（二）业务精英的标准不是理想和抽象的，而是来自我们内部优秀的标杆

1. 茫茫简历的大海中如何挑选出理想对象

每年春节后刚开工是人员流动最大的时刻，此时也是销售精英招聘的最佳时期，分享一下我的招聘心得：

a. 在招聘之前总结目前公司优秀人员的共性，表象信息和隐性信息双采取，准备和备选人员一一对应，对应点越多越符合标准。

b. 建立人才资源库，广泛收集，快速筛选，和时间竞赛，和竞品竞争。

c. 简历筛选用排除法，即没有一份工作干够 3 年以上的人员不用，五年之内换工作超过 3 个的人不用，简历存在时间、事件、收入等逻辑不对（造假者）不用，工作岗位和工作描述不符者不用，大专以下学历者不用，跨行业太大者不用（例如之前在富士康干操作工，跑来干业务不行），对薪资待遇没有太大野心的人不用。

d. 筛选后建立微信群，安排销售总监网上约聊销售经理，销售经理网上约聊业务精英，约聊的话题基本确定，群发一个话题，单独回答，话题是列举自己从业以来亲自解决困难的过程，包括当时所面临的困难情况，自己是如何看待这个困难的，之后采取了什么样的行动，最终取得了什么样的结果。

e. 对筛选简历后的人员进行面试，面试的时候注意三点：一是从言行举止和穿着打扮上必须足够尊重求职者；二是在面试过程中，你都不知道答案的问题，千万不要去问别人，你清楚答案就要坚持到底，问出想要的结果；三是人无完人，不要梦想着去改变一个人的缺点，我们应该去发现其优势，扬长避短。**对待业务精英必须遵循一个核心理念：要向对待客户一样，对待自己的求职者。**

2. 在市场中挖掘你所需要的业务精英

这一点我只做简单的叙述，相信大家都会去做。提醒一点：在市场中走访要多多留意竞品的动态，以及业务员客情、生动化等要素，获取联系方式的最有效的办法就是墙上的客户联系卡。做得好的业务员，收入相对较高，一般不会离职，但是业务精英和公司制度或者管理人员总会有小摩擦，只要保持联系，机会多得是。

3. 如何吸引业务精英加入

先谈谈招聘标题的问题，招聘启事的本质也是一种营销，是营销首先就要获取流量，所以招聘标题很重要，要抓住求职者的痛点。我参与过很多现场招聘会和网络招聘会，有几个招聘点位人员爆满。一是网络公司招聘，打出的招聘启事是“想在郑州买房的请过来”。二是地产公司，打出的招聘启事是“我们是一家地产营销代理公司，旁边的业务员（有头像，在现场）3 个月创造了 5600 万元的销售业绩”。细细品味这两个招聘启事，第一个抓住年轻人买房压力大的痛点，第二个抓住应聘者急需高收入的痛点，营销真是无处不在。

打铁还需自身硬。树立良好的企业形象，有些事物美化是无用的，曾经有个竞品企业想挖走我的一位优秀的销售经理，这位经理来找我离职，说对方给出的待遇很高，我只说了一句话就留住了这位经理：“你去打听一下，你说的那个企业连自己客户的承诺都无法兑现，如何兑现给你的承诺?”

市场圈子很小，诚信具有其他道德无可比拟的特殊价值。企业在经营管理中必须通过契约的形式与员工规定各自的权利和义务，通过契约的履行实现诚信管理。这样，才能树立良好的企业形象，才能吸引业务精英。

吸引业务精英的“三要”：一要创建具有向心力的企业文化和氛围；二要重视人才的教育和培训；三要建立有效透明的激励机制。

写在最后

要想打造一个成功的企业，就必须拥有一个超强的营销团队，而营销团队的基石是业务精英，写这篇文章的目的是告诉区域经理：**随着人口结构的变化，从业者的个性化和多样化越来越突出，不可以穿新鞋走老路。在企业运营中时刻保持诚信，在人才招聘中时刻保持创新，业务精英是企业的第一生产力。希望在今后的职业道路上，管理者引以为傲的事是“我曾经为企业的人才梯队建设作出了巨大的贡献”。**

二、业务员这样激励，降低离职率

走访了一个商贸公司，老板张总是我的朋友，2013 年离开企业，自己做经销商创业，目前年销售额 4000 多万元，销售团队有 52 人。

团队离职的问题让他很苦恼：招聘过程中招不到合适的人，即便是招到了也不会工作很久，一般情况下 9 个月左右就离开了。在公司干了 5 年的两位骨干业代也提出离职，使得公司整体运营陷入恶性循环。

没有人、没有得力干将、没有优秀的团队是玩不转快消品的，这可如何是好？张总急切地向我咨询。

团队管理是一个老生常谈的话题，说起人员激励、福利待遇、团队管理、营造团队氛围、打人情牌等一系列的操作，很多管理人员都可以说出个子丑寅卯来，但是留人、育人方面还是不尽如人意。怎么回事儿呢？就张总的实际案例给大家分享一下。

（一）基本的概念要搞清楚

1. 离职率的问题

离职率为零是优秀的团队吗？不一定。优秀的团队就像人的身体，需要新陈代谢，尤其是充满戾气、负能量爆棚的人员，要及时代谢出去。

合理的离职率是优胜劣汰、确保团队健康发展的前提，我的建议是离职率控制在 20% 左右。控制离职率一定是在选人、激励人、选拔能人、激励能人的基础上进行的。

2. 关于 90 后的群体

90 后的员工更在乎工作的意义，从工作中获得成就感，创造更好的工作氛围能不断地激发员工的热情，企业需要员工从默然与受挫的状态中逐渐走入高效，打造卓越的团队需要物质和精神的双重激励。

3. 优秀员工的标准

谁都想成为优秀员工、骨干能人。可是优秀员工的标准是什么？要条理化描述，方便员工逐一对照。

- **优秀员工首先要忠诚，忠于公司，忠于团队，有主人翁意识，大到公司决策自己的事业，协同团队，全力以赴，小到随手关灯、节约物料等，优秀是一种习惯。**
- **良好的品德（口碑），不存在大单化小单、小单组大单套取公司费用的情况，不存在其他私利损害公司的情况。**
- **传播正能量，自己不传播负面情绪（抗压能力强），同时对有负面情绪的人给予引导和批评。**
- **业绩达成，销量肯定是衡量优秀的重要指标，但不可过于绝对。**

（二）员工情况盘点及明确各级员工的岗位要求

（1）员工情况盘点

这项工作不要想当然，要心知肚明，老板要亲自做一个盘点表。

备注：

- 要关注年龄，不同的年龄段有不同的需求，要关注职位司龄，比如业务、主管、经理干了多久，对长期干一个职位的人要多多关注。
- 要描述员工等级，根据优秀员工的标准客观评定，比如优秀、良好、一般、较差。
- 要描述家庭情况，配偶收入情况，家庭其他成员收入情况，了解家庭成员的情感。

- 重要奖罚要记牢，比如重大过错、重大奖励、重大贡献等。
- 要记录特殊事件，比如离职未遂、团队内部亲属关系等。

（2）各级人员岗位要求要形成文件，让所有人明白自己的职责

试用期要求：认可公司文化，学习能力、团队配合能力较强，积极乐观的心态等。

正式工要求：保质保量地完成本职工作，熟悉工作流程制度，独立工作能力、主动承担能力等。

主管要求：统筹安排下属工作能力，下属工作优化能力，终端系统的使用能力等。

经理要求：市场洞察力、敏感度及危机意识的预知能力，制订实施方案的能力、业务发展的规划能力、团队的管理能力、抗压能力等。

总监要求：生意规划经营能力、团队激励和统筹能力，观察应变能力，团队合作、过程监督、协调能力，工作要热情等。

总之，要根据自己的经营规模，将岗位要求明确化，列出几个点，团队自己对照，哪些匹配，匹配度的高低，达到之后可以毛遂自荐提高自己的职位和待遇。

（三）员工激励方式和福利形式要变化

传统的激励方式千篇一律，效果不理想。以张总为例，员工激励就是团队聚餐、达成奖金、工龄工资、年度奖励家用电器。钱没有少花，今天发奖明天离职的现象发生过好几次。我给的建议是：

1. 现金奖励

既要与业绩挂钩，又要与过程管理挂钩（业绩：过程 =7：3）。市场基础、人口、消费力均有差异，要发现员工的努力付出和市场的改善能力。

2. 学习奖励

取消或者降低员工的工龄工资，转变为分期学习奖励。例如：部分员工想进步，想提高管理能力，可以到一些咨询机构报名学习，学费3600元，公司可以先垫付，满2年即赠送，未满2年需要学习者返还学费。当然也要规定学习标准、学习资格、学习内容价值等。

3. 年度奖励

要以实现员工的梦想为主。例如：有人想带父母、老婆、孩子出国旅游，有人想要一辆私家车，这些愿望清单要根据不同级别设计奖励标准和奖励方案，一人一议签订协议来满足。

想要车的签订协议的内容可以是：自己交首付款，在公司服务N年，分期付款公司承担，中途离职公司垫付分期部分120%返还，干够年限再返还首付款。想旅游的先去旅游，根据奖励标准几年之内逐月返还，中途离职情况一样。

总之，年度奖励要满足员工的个性化需求（实现新年愿望），不可只发现金，要兼顾奖励对于员工的持续性要求。

（四）薪资绩效体制要改善

张总的工资体制很简单：底薪+提成+补助+特殊奖励（特殊奖励主要是阶段性奖励，例如6月考核进冰柜、7月考核做割箱等）。我的观点是：薪资制度越简单越好，但勤奋的人和销量真正好的人都能得到奖励。

1. 将底薪和过程工作挂钩，关注“烂市场”的离职率

可以利用终端手机系统将日常工作碎片化和分值化：拜访网点的分值、店内动手工作的分值、开发的分值、生动化的分值、陈列网点执行的分值等做好得分标准，底薪=月度得分×分值。

员工只要肯付出就能赚钱，尤其是针对一些“烂市场”，人员赚不到钱不稳定，新人入职后只要肯付出就能留下，市场情况也会逐渐改善。

2. 将提成和过程工作挂钩，杜绝业务员寅吃卯粮

要制定评分标准，得出月度过程工作的分值，制定员工得分基准分值，设定提成系数。

例如：基准分值是 100 分，得分 112 分，提成系数是 112 ÷ 100 = 112%，提成奖励 = 实际提成 × 112%，反之得分 80 分，提成奖励 = 实际提成 × 80%。

这样可以有效地防止业务员违背市场良性运作的规律压货而不当获利，同时关注市场基础工作。注意要设定提成上下波动的范围，一般是控制在 20% 之内。

3. 特殊奖励要分坎级设定，关注市场和人员

例如：做冰柜陈列奖励，城区和乡镇冰柜数量有很大差异，新人和老人客情有很大差异，要考虑周全，尽量做到实事求是和公平。

4. 所有激励要确保真实，不真实的激励比不激励更可怕

看到虚假获奖，大部分员工选择跟随或者默默离开，很少有人会出来举报，这也是造成团队优秀骨干离职的重要原因。

（五）增强优秀员工的凝聚力、向心力，设立推荐奖和传帮带奖

物以类聚，人以群分。优秀员工推荐的人一般也是优秀的，建议设立优秀员工推荐奖。

推荐人必须是季度或年度被评为优秀的员工。

推荐奖：优秀人员推荐新人入职，工作一个月且符合试用期要求后给予推荐奖 300 元，入职后作为优秀员工的徒弟。

传帮带奖：入职前三个月，第一个月额外奖励师傅新人所获提成总额的 25%，第二个月额外奖励师傅新人所获提成总额的 15%，第三个

月额外奖励师傅新人所获提成总额的 10%，目的是利益捆绑，提高新人关注度。

年度综合评估奖：新人被选为优秀员工，除优秀奖励外，师徒两人各奖励家用电器一台（电视机、电冰箱、洗衣机等）。

这个方法很好，既解决了人员招聘的难题，又加强了优秀员工的凝聚力，增强了团队工作氛围，离职率必会下降，企业必会健康发展。

（六）设立团队基金，增强合伙意识

经营过程中会有很多问题，如某员工家里突发事情需要捐款，市场配送出现人货混装被交警处罚、团队聚餐活动等都需要钱。老板可以出一部分，但是未必能解决全部问题，可以设立团队基金。

比如市场建设基金、员工关爱基金、团队建设基金等，老板每月出资 1000 元，员工总收入的 1% 纳入基金，最后由团队商议使用。设置基金的目的是体现大家团结互助、员工关爱，增强团队代入感。

三、业务员的绩效管理三要素

绩效管理是所有人力资源管理和企业管理中最难做到的，在实际操作过程中很复杂。

绩效管理的对象是人。人和机器最大的区别是人有思想、有情绪，会产生业绩的波动。所以，对人的投资有两大特征：**风险大、收益高**。

以下两个名词的基本概念相信大家都明白，但是很难说出来，先了解一下定义。

绩效：一个组织或个人在一定时期内的投入产出情况。

投入指的是人力、物力、时间等物质资源，或个人的情感、情绪等精神资源；产出指的是工作任务在数量、质量及效率方面的完成情况。由此衍生出了绩效管理的概念。

绩效管理：是指各级管理者和员工为了达到组织目标，共同参与的绩效计划制订、绩效辅导沟通、绩效考核评价、绩效结果应用、绩效目标提升的持续循环过程。

绩效管理的目的是持续提升个人、部门和组织的绩效。

提到绩效管理，我感觉从三个方面入手比较清晰化、简单化。

（一）要搞清楚销售团队管理有哪些重点管理项目

1. 积极的工作态度，也就是人员工作意愿的控制

我把工作意愿放到第一位，一个想工作的人和一个不想工作的人最终的成绩有天壤之别。就像你永远叫不醒一个装睡的人一样，**一个人一**

旦彻底失去工作意愿，就请尽快劝离，否则他的情绪散播影响的不是个人绩效，而是团队绩效。

建议从以下三个方面观察：

- 销售人员工作表单、例会及述职等完成的情况。
- 日常工作的态度与言行，尤其是满腹牢骚、成天抱怨的人员。
- 团队集体会战时的意识和参与度。发现问题，要及时沟通，赏罚分明。

2. 优秀的销售技巧，也就是工作能力控制

销售技能是重要的生产力之一，需要定期培训。培训必须进行考试验收，可以是笔试，也可以是情景再现的面试，不合格绝对不允许单独下市场作业。我遇到一个问题，我认为是一个简单的产品知识，并且对区域经理进行过不低于 2 次的培训，没有进行考试验收，结果在市场走访中，有一位区域经理理解错误，并且带着团队集体跑偏，幸亏发现及时，否则一个区域的消费者都会接受错误产品知识的“灌输”。

工作能力的管控建议从以下四个方面入手：

- 在日常协同基层人员走访市场的时候注意掌握其专业的产品推销技巧，如话术是否正确且做到高效沟通。
- 产品知识是否熟记于心，不了解产品就不要去销售。
- 了解对客户客情的掌握度、熟知自己产品和竞品的销售政策。
- 市场规划方面的投入与产出，是否具有简单的经营意识。强调一下考试的重要性，“凡讲必考”是基本原则。

3. 万项精进，也就是销售流程系统控制

某一个终端店昨日谈好做一组地堆陈列，业务员发现该店货不够，于是沟通订单协调物流配送，货到了之后发现生动化物料短缺，只能改天再布建生动化或者安排物流再送一次。这是身边常发生的琐事，本来一次就能搞定的事情，却需要来回跑 3 次，绩效如何能提高？所以流程管控就会凸显出来。建议从三个方面进行衔接：

- 持续优化业务系统与运作流程，精简步骤，高效运作。
- 降低损耗（时间和事物），提升团队工作效率与绩效管理。
- 高效协调公司资源和内部支持，不走冤枉路（线路规划），不花冤枉钱（费效），资源聚焦到刀刃上（重点投入）。

4. 不间断地跟踪与检核，也就是销售进程控制

“检核大于信任”，这是我常挂在嘴边的话。人需要监督，首先要监控销售人员的日常事务工作及业绩进程情况，公司要有专门、专业的督查团队。

说到这里，**我建议企业成立经理级的督查队，只有高段位的人员才能发现低段位人员的问题**。有些企业认为请一些刚毕业的大学生做督查比较合适，理由是刚步入社会刚正不阿、指哪儿打哪儿。实际上这是错误的，因为他们根本发现不了问题的本质，只会照葫芦画瓢地发现差异，有时候甚至影响销售团队的情绪。

在销售进程中，根据业务推进的情况及局部成功的经验，对团队进行有针对性的建议和帮助，使其尽快复制成功经验。针对团队销售进程进行有效的激励和沟通，引导团队成员效益最大化、功效最大化。

（二）要搞清楚如何制定销售目标才是有效的、合理的

1. 销售目标如何制定是科学的、可行的

目标的制定不是单向的，很多公司按照自己的需求规划来年的销售目标，结果导致目标完成困难，员工绩效考核不达标，直接影响员工收入，导致士气低落。在执行过程中逼不得已进行调整，也是治标不治本，迫使公司的权威性受到挑战。

企业销售目标制定的过程其实是自上而下、自下而上、充分沟通、达成共识的过程。给大家五个建议：

第一，制定公司来年的发展战略，也就是自上而下定方向。

第二，销售团队根据自己的实际情况（经销商库存、市场库存、

机会点、增量方向等）报来年的挑战目标、冲刺目标、保底目标，同时匹配完成指标的机制。机制设计必须秉承两个原则：多劳多得，鼓励团队敢于挑战自我；准报多得，防止团队妄自菲薄，降低自我要求，也就是自下而上报目标。

第三，结合以上两者的数据，相互对照，寻求差异，深入沟通。

第四，沟通直至目标达成共识，确定最终目标，并签订责任军令状，这个签约仪式一定要严肃地进行。

第五，围绕目标，将目标分解到季度、月、天，到品项，到渠道，达成共识的实施计划。最后目标的分解一定是具体的、可衡量的、可达到的、具备合理性和时效性。

2. 销售目标如何分解才能保证计划和实际相匹配

先考虑一个问题：公司来年的业绩到底是从何而来？

一部分是现有销量。这部分销量相对稳定，只要经销商、公司团队、产品等稳定，一般不会出现大变化。

另一部分是增量。增量从何而来？新产品的诞生切分市场，新渠道的开发切分市场，空白市场、空白网点的铺货切分市场，等等。对这些问题一定要考虑清楚。任务的分解要考虑自己产品每一个月存量部分是多少，增量部分是多少，机会点在哪里，如何按部就班地实施自己的销售计划。

例如：一个市场今年 9 月份做了 10 万元，明年 9 月份计划做 13 万元，如何做？要提前规划，要做 13 万元就要新增 100 个网点，这些网点需要分到三个渠道里，需要新增一个人员、一辆三轮车，现有客户是否有减少、怎么补充等，要在 9 月份之前就完成，否则这 13 万元就是放空炮。

3. 销售目标达成的关键点是什么？如何把握好

这个问题是绩效管理的关键点。对于基层员工来讲，目标分解后，一定要实现销售目标。**只管“生目标”，不管“养目标”的领导不是称**

职的领导。

此时要自上而下地考虑以下两个问题：

第一，从团队层面来讲完成任务的公式是：**业绩＝态度×技能×公司支持**。这里我用的是乘号，这三个方面缺一不可，一个趋向于零，结果就是惨不忍睹。如果三者都做好了，业绩的增长就是几何式的暴增，这也是绩效管理的核心之一，三手同时抓、三手都要硬。

第二，从市场层面来讲是：**业绩＝市场存量＋水平增长＋垂直增长**。可以这样理解：保住市场现有存量，增加合作网点，提高合作网点单店 SKU 数就可以完成来年目标。这里我用的是加号，业绩增长是多方面的，彼此独立，只要干就有增量，干得越多，增量越多。

4. 销售目标如何评估才能为下一步动作提供帮助

“知彼知己，百战不殆；不知彼而知己，一胜一负；不知彼，不知己，每战必殆。”（语出《孙子·谋攻篇》）目标的评估一定要在对市场信息充分了解的情况下进行，可以从以下两个方面考虑：

第一，对市场的外部因素必须进行充分分析，包括但不局限于竞争环境、行业趋势、政策法规、经济环境等。

第二，对市场的内部因素必须进行充分分析，包括但不局限于客户数量和质量、产品、可使用的资源、团队建设、科学的管理、模式的创新等。

（三）要搞清楚如何利用绩效考核进行销售团队绩效管理

1. 绩效考核必须明白的四个问题

销售团队的具体工作是什么？通过销售团队的组织架构图来解决上下沟通问题、通过对流程进行梳理来解决销售工作正常运作问题、通过各个部门的职责和各层级的岗位说明来解决具体工作问题。

销售团队应该干到什么程度？这个时候要确定销售部门重要的、阶段性的工作目标和考核目标，并确定评判标准。

销售团队工作达标后有什么奖励？奖励措施、晋升机制、奖金机制。

销售团队工作未达标后有什么处罚？惩罚措施、降级、降薪、劝退机制。

2. 绩效考核要表格化、量化

一般包括月度 KPI、权重、考核标准、自评分、领导评分、综合得分等。

3. 绩效考核中的绩效面谈工作

对销售团队过去一段时间内的工作进行回顾和总结，充分分析工作过程中的得失，总结简单的、可复制的经验，如何扬长避短，并且规划出下一个阶段的工作销量目标和工作实施方向。

根据日常会议、市场表现、在线协同拜访等系统评价员工的表现，并且正式地、书面地传达下一阶段的工作要素。

绩效面谈的准备事项：

- 确定谈话的目标和主旨。
- 员工现状分析。
- 探讨和拟订改进方案。
- 得到员工的承诺。
- 告诉员工职业发展道路，明确岗位名称、待遇、晋升条件、降级原因等，鼓励员工拼搏冲刺。

写在最后

关于绩效管理我也一直在学习，管理人员比管理市场难度大得多，人的管理是多维化的，有思维的事物就需要有更高级的思维模式去管控。

实际经验是一方面，理论是另一方面。有些理论是社会学、统计学、运筹学、心理学等，是实战经验不好总结的，所以多多参考这方面的书籍是必要的。

【案例】农夫山泉经销商绩效薪资改革实战

离开农夫山泉近五个年头了，由于受新型冠状病毒感染的肺炎疫情影响在家待了两个月，参与了新经销的几场直播，或许是对部分经销商的帮助比较大，收到了不少经销商关于市场困惑的咨询。其中有一位是我曾经在农夫山泉服务过的客户，他的问题大概描述如下：

他的市场竞争很激烈，2 元水有农夫山泉、怡宝、景田，还有当地一款地方品牌。2018—2019 年农夫山泉的领先地位越来越弱，市场份额与竞品的差距越来越小，业绩增长压力越来越大。

这两年能完成业绩都是靠年底仓库爆仓和来年年初低价倾销勉强达标，很担心 2020 年疫情结束后，市场拓展受阻，推进不力会丢失经销权。

他用 2 个小时给我描述了近两年自己的“艰辛历程”。从他的描述中我深深地感受到薪资的制定出了问题，不能有效地提高人效，于是在我的引导下 2020 年做了几个变革，分享给大家。

（一）化繁为简，以量定薪

如果问影响业绩最重要的因素是什么？

薪资必然是首选。不同阶段制定不同的薪资激励政策，可以保持团队高涨的工作激情，一旦有了激情，市场的很多疑难杂症便可迎刃而解。但是有一个前提：**绩效薪资要化繁为简，这样容易让业务团队理解和接受。**

先看看这位经销商的薪资制度，包括三大项，若干小项。

第一大项是基础奖励考核，分为分销达成、活跃客户数、重点品项

活跃（细分为五六个品类）、水堆执行、终端陈列执行。

第二大项是市场基础建设考核，分为几个重点单品的市场突击目标。

第三大项是业代提成激励，分为几个品项的坎级提成。

简单一合计一共16项。我半开玩笑地说：“你制定的激励政策过十来天自己都记不住，**员工如果记不住这个月的考核，考核是无效的，有些激励即使员工拿到了也属于意外之财（无心所得）。**”

2020年5月，我给的建议是：化繁为简，以量定薪。人不可能一口吃一个胖子，市场也一样。抓住主要矛盾，次要矛盾也就解决了。

月考核以1~3项为宜，不可过多，考核的目的是解决当前的主要矛盾。5月份，疫情刚刚得到有效控制，业务员可以自由地拜访市场，当前最重要的是快速提高销量，解决1月份的压货问题，同时盘活资金。

企业的任务考核也会随之而来，避免渠道不同，压力导致翻盘，另外旺季马上到来，冰柜及水堆陈列等市场基础工作要加强。

所以考核指标只有两项：

第一，销量，以量定薪。目前仓库爆仓，所有品项都超丰满，销量考核不应该是以品类提成，而是以销售金额提成，业务员不管卖出什么产品，只要满足销售额就按照坎级比例提成。设置为三个坎级：

坎级一的提成比例是经销商有正常利润。

坎级二的提成比例是经销商微利。

坎级三的提成比例是经销商包裹费用刚好达到盈亏平衡。说白了就是甩掉包袱，轻装上阵。

第二，陈列。陈列达标的条件是费效比达标，即陈列费用/接货金额在费效比允许的范围内。

总结：绩效改革之后，有效地推动了销量的增长，考核机制变简单了，大家都明白当月的工作重点，人效自然会提高很多。业务员的任务就是销量，比拼也应该以销量作为基准。

不要害怕业务员不全面地推广产品，只要有效制定激励政策，业务员服务的网点数是有限的，网点单个 SKU 的销量也基本固定，要完成业绩目标只要引导得当，他们自然而然地会冲击其他单品。

（二）没有有效网点就没有销量，给激励重做通路，精耕网点

五六月份，该经销商团队的销量确实有明显的进步，团队收入也提高了很多，经销商化库成功，仓库里全是新货，资金回笼也很理想。但是经销商担心通路库存压力会大，7 月份不知该如何制定考核，于是又向我请教。

我的回答是现在是一年之中的旺季，不要担心终端库存，只要控制好渠道政策，终端动销缓慢不会再接货，因此也就不担心大货龄问题。

现在最重要的是梳理你的网点。哪些网点是低产出的？哪些网点是费效比超标的？要进行汰换。**汰换掉的网点并不是要删除，而是要减少拜访频次，变为一月一访或者顺路简单拜访，不必纳入系统作业，同时需要有部分新网点来补充拜访。**

具体的绩效薪资模式是：**在原有的薪资基础上额外叠加一项网点的开发激励。**

激励可以这样设定：开发一个网点激励 10 元，下月回货激励 5 元，下下月再次回货再激励 5 元。此时对网点（连续 6 个月没有接货的网点）也要有要求：

- **符合目标网点的通路属性。**
- **首次进店的必进 SKU，要做出规范要求。**
- **首次进店的陈列要达标。**
- **首次进店的接货金额要有要求。**
- **接货户的规律性拜访要有要求。**

总结： 对近 1/4 的无效或者低效网点进行了汰换，销量也有了显著的提升。道理很简单：

其一，员工的收入是有底薪的，如底薪是一天 60 元，一天拜访 30 个网点，也就是拜访一个网点的成本是 2 元。**如果每天拜访五六个无效或者低效网点，也就意味着一个月直接损失了几百元底薪，市场机会的间接损失更是不可估量。**

其二，**网点不可能是固定不变的，它是动态指标，长时间不调整势必积累很多无效网点。这些无效网点既损耗业务员的精力又导致有效网点进不来。**

以上两点解决了，人效就提高了，人效一提高，销量不可能不提高。

（三）激发人性，在团队内部搞比赛

通过两个月的努力，销量有了进一步的提高，尤其是团队的收入有了进一步的提升，经销商的销量和利润也比去年同期有所增长，大家都满心欢喜。

经销商担心业务团队的收入无明显的差异，部分人员的积极性也开始下降，计划在 9 月份做薪资绩效改革，维持这种高涨的工作热情，又咨询我有什么建议。

我的回答是：**团队的薪资要有差别，差别的意义是鼓励先进，激励落后。既然是薪资相差不大导致的部分人员激情下降，那么就让团队薪资差异大起来即可解决问题。如图 6－1 所示。**

具体的绩效薪资模式是：**在原有的薪资基础上额外叠加一项比赛激励，竞争性是人性的原始本能，比赛输了钱是一方面，面子是另一方面，所以引进比赛既可以激发团队活力，又可以拉开团队相对优劣人员的收入差距。**

从以下几点操作：

- 比赛激励要两两比赛进行。
- 比赛对象是平日工作表现和销量表现极为相近的人员。
- 比赛采用占比制。

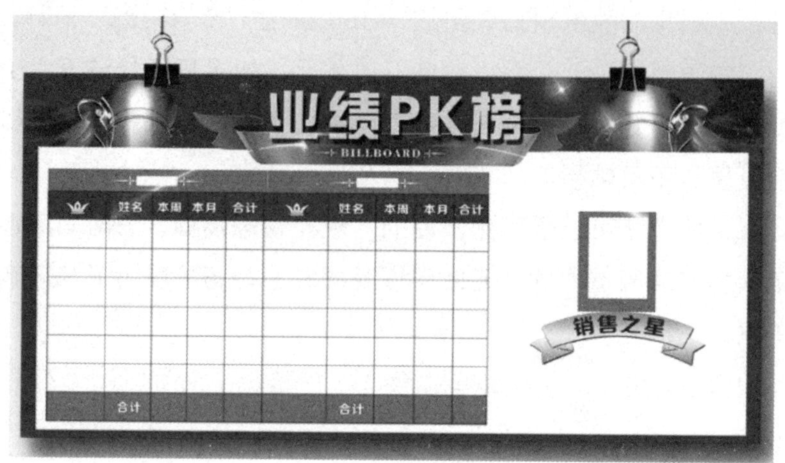

图 6－1　业绩 PK 榜

例如：比赛项有两项，即陈列和销量。其中，陈列占比 30%，销量占比 70%，按照经销商所有销售团队排名计算综合得分进行比较。例如：张三陈列排名第六，销量排名第四，综合排名即 6×30%＋4×70%＝4.6。李四陈列排名第二，销量排名第五，综合排名即 2×30%＋5×70%＝4.1。所以张三和李四比赛，李四综合排名靠前，获胜。

备注：

- 如果团队人数较少，也可以团队所有成员比赛，计算方式不变，考核的是综合排名。
- 设置销量和陈列等比赛指标的底线，低于底线无激励或者激励减半。
- 对比赛屡战屡败的人员要格外关注，是知识技能问题还是情绪态度问题，是培训改善还是直接汰换，均要做好准备。

总结：人性一般包括竞争性、娱乐性、社交性。人性也是人的最原始的能力，制定合理的考核机制激发它，势必会事半功倍。

（四）去底薪化，按劳获薪

11 月份逐渐进入产品的淡季，团队关于销量方面的工作相对较少，该如何激励团队呢？10 月底经销商再次给我打了电话。

他的顾虑是员工可做的事情越来越少，以往这时员工已经认同了淡季低收入，也认同了淡季可以稍微缓口气，调整一下状态，这种心态最致命的伤害是影响团队的稳定性，部分人员有离职的想法。

我的回答是：淡季做市场，旺季做销量。**只要员工忙起来，就不会想离职**。现在你可以改变的最好是底薪，要去掉底薪。此时经销商会问，去掉底薪员工流失更快，实际上不是这样的。

首先，我们不怕能力差的人员流失，这部分人也是加速换血和淘汰的对象。其次，综合能力高的人底薪收入会更高。**去底薪化不是把底薪收走，而是将所有人的底薪收回到大盘子里，进行二次分配**。

具体的绩效薪资模式是：我之前在今麦郎服务过，有个经销商很厉害，早已将业务员的底薪去掉了。今麦郎的业务终端系统很好，将业务员日常市场陈列生动化基本动作拆分，并加以分值赋能，得分可以换算为金钱，只要肯付出，得分就多，底薪就高。

农夫山泉的系统暂时没有这个功能，但是可以量化为封闭渠道的市场标准，我发给他几个其他品牌淡季的市场动作图片。

虽说没有底薪，但是针对封闭渠道，如网吧、台球厅、餐饮店等类似这样的标准陈列做出来一个奖励多少元，也可以设置高于此标准和低于此标准的奖励，打破底薪大锅饭，让能干的人赚更多的钱，不能干的人主动离职。

写在最后

我告诉这位经销商，这是一个薪酬绩效循环，来年根据实际情况稍做调整即可继续使用。经销商要平衡公司和员工的利益确实不容易，任何产品在全年的销售阶段都是不同的。

所以，绩效考核不可一成不变，更不可时时刻刻大变，要

循序渐进，化管理为激励，以激发人性为手段，销量和利润的增长为目标。

最后送给所有经销商关于人性的八个字：**财聚人散，财散人聚！**

第七篇

瓶装水之战

一、瓶装水企想成功应该避免哪些坑

我从事瓶装水销售十余年，从营销的角度分享一下过去瓶装水踩过的“坑”。

（一）没有足够的资本和耐心，就不着急布局全局市场

1. 关于资本

我们听到因资金链断裂破产的话越来越多，**资本对于企业来说是硬伤，有多大锅做多少饭，量力而行。乘胜追击固然可取，但没有后方保障，走得越远，死得越快**。

2014 年，某地级市一个水企老板投资了一个水厂，水的口感特别甘甜，深受周边消费者的喜爱，销售半径小，经销商都是小厢货自提，节省了运输费用，具备了价格优势，不到三年时间，年销售额就突破 6000 万元。

在周边两三个地级市碾压一切瓶装水品牌，轻松到手的成功也激发了老板的野心。在市场整体低迷的情况下，决定向全省进军，做一个省区品牌。于是，招兵买马开始向省会市场进攻。

此时，市场费用、销售费用、人员费用猛然升高，没有形成规模效应只能当炮灰，和农夫山泉、怡宝一轮血拼下来，不含陈列费仅渠道促销费就把价格砸到 24 瓶水十七八元，旺季搞两三轮，你跟还是不跟?

跟是慢慢耗死，不跟是直接死，最后该老板亏损几百万元后鸣金收兵。

原始资本的积累对于企业来说就是从 0 到 1 的“1”，企业家要把自己的“1”搞扎实，要冷静评估自己“1”的抗风险能力。

尤其是做瓶装水，早已是红海市场，后加入者类似于伊利、小米等都是行业跨界巨头，你能撑得住他们几次的资本碾压？原始资本不足，就本本分分地做好局部市场，厚积薄发方是上策。

这里需要提醒的是，不要妄想通过融资解决原始资本的问题。**首先，融资资本只做锦上添花，不做雪中送炭的事，你很难融到；其次，资本的本质都是赚取利润，你没有资本实力也很难控制。**

2. 关于耐心

农夫山泉的成功不是一朝一夕的事情，水企要有耐心，简简单单一瓶水是对企业老板耐力极大的考验。

一瓶无色无味的饮用水最难的是对消费者认知的灌输，而最简单的却是消费者轻松的遗忘，原因就在于水本质的差异化并不明显。

恒大冰泉最不缺的就是钱，最缺的就是耐心，风风火火干了两年，最后还是偃旗息鼓，从头再来。

我相信恒大冰泉花费几十亿元买到最深刻的市场教训便是：**规律不可逆，做瓶装水需要耐住性子，慢慢来。**

（二）不要再炒作水源地，不要忽悠消费者

1. 不要再炒作水源地

国内的几个主要中高端水品牌，如百岁山、昆仑山、5100、阿尔山、恒大冰泉等，几乎都是圈了一处优质水源地，马上大力宣传水源地的优势、水源地的故事、矿物质成分等。

以产地为核心的营销推广模式操作品牌及产品，不可否认，早几年确实有一定的效果，一些品牌迅速地积累了一部分忠实消费者。

但是如今形势不一样了，因为任何一个水企，无论实力多大，都不可能垄断所宣传水源地的全部水资源。如果水源地还存在其他饮用水生

产厂家，你主要诉求的水源地卖点马上就会打折扣，消费者在面临多种选择的情况下为什么非要花高价买你的产品？

一招鲜吃遍天下的时代已经过去，单纯地宣传水源地对水品牌的塑造已经起不到主要的推动作用。瓶装水品牌要有故事，要塑造自己独特的灵魂。

例如：进口高端水品牌依云背后的产地有很多传奇故事，但它在品牌宣传上的推广核心不是产地，而是依云的品牌主张——live young。国产百岁山矿泉水早已不再宣传自己的水源地，所有的广告片链接在一起只是在讲一个凄美的爱情故事。

2. 不要忽悠消费者

水企要在红海市场杀出一条血路，强化产品的功能诉求和功能利益是一个很不错的选择。

饮用水虽然不能等同于功能饮料，但不同水源地的饮用水含有的矿物质和微量元素不同，可以适合不同类型的消费者。

这一点不假，但是对功能的描述必须实事求是，必须有科学依据，不能靠“忽悠”。还拿农夫山泉举例，农夫山泉几年前主打新水源概念——莫涯泉，新的产品 USP 是低钠淡矿泉。

对外宣传莫涯泉 2 号泉的主要矿物元素含量均衡，矿物盐含量适中，尤其是适合婴幼儿饮用的瓶装水，向市场高调推出了婴儿饮用水。

这是有科学依据和背书的，但是有些水企就有些过分了，说喝他们的水可以“补充氧气”“可以美颜瘦身”“可以延年益寿”。

用这些夸张的修饰语忽悠消费者，最终的结果只有一个：被消费者抛弃，被国家整顿，丢失市场。

（三）产品力不足，再加无针对性地推广

1. 很多瓶装饮用水可以说毫无产品力

瓶装水的产品力来源于四点：

一是包装设计对于瓶装水来说可能起到决定性作用。如果包装上没有体现出高端的感觉，第一眼见到就会被过滤掉。综观国内瓶装水品牌，除百岁山包装可圈可点外，其他包装设计鲜有特色，没有给人眼前一亮的高端感觉。

二是水的口感。水本来无色无味，唯一能对人生理产生刺激的就只剩口感了。最大限度地保留水源地水的口感，是打造瓶装水品牌的一个重要因素。农夫山泉就是靠“农夫山泉有点甜”一炮而红。

三是根据水中矿物质元素的含量强化水的稀缺性和功能性，最好辅以医学方面的佐证，可以更快地获得消费者的认可。

四是给品牌赋予灵魂。说说关于水的故事，也可以深挖中国传统饮水文化，对产品赋予独到的文化内涵。例如：今麦郎的凉白开，延续了我国传统喝熟水的习惯，在业界另辟蹊径，开创了瓶装水的新品类。

反过来看看市面上的瓶装水，很多水企都巧妙地避开了以上四个产品力的塑造点，导致产品动销不佳。

2. 瓶装水推广要精准定位，要有针对性

说服消费者购买你的水，需要更深度更紧密的沟通，产品也需要一个 USP。我先分享 USP 的一个经典案例：舒肤佳称雄香皂市场。

1992 年 3 月，舒肤佳进入中国市场，而早在 1986 年就进入中国市场的力士已经牢牢占稳香皂市场。后生舒肤佳却在短短几年时间里，硬生生地把力士从香皂霸主的宝座上拉了下来。

根据2001 年的数据，舒肤佳市场占有率达41. 95%，比位居第二的力士高出 14 个百分点。

在舒肤佳的营销传播中，以“除菌”为核心概念，诉求“有效除菌护全家”，并在广告中通过踢球、挤车、扛煤气罐等场景告诉大家，生活中会感染很多细菌，用放大镜下的细菌“吓你一跳”。另外，还通过“中华医学会验证”增强了品牌的信任度。

瓶装水在推广上要聚焦，要精准定位，首先卖点最好是唯一的、独特的，是其他同类竞争产品不具有或没有宣传过的说辞；其次有利于促

进销售，即这一说辞一定要强有力，能吸引大众；最后要包含特定的商品效用，即每个广告都要对消费者提出一个说辞，给消费者一个明确的利益承诺。

举一个例子：朋友的一个水厂生产紫阳富硒矿泉水叫“稀品天成”，很早就拿到了一个军医大学通过水试验得出的结论。紫阳富硒矿泉水可以在一定程度上抑制肝细胞的脂肪变性，促进正常细胞生长，有一定的抑制肝肿瘤细胞的作用。今后的推广工作，只要全力锁定水和肝细胞的联系，精准定位目标消费者，成功只是时间问题。

只要方向正确，就不怕路远。

写在最后

首先以上观点仅代表我个人；其次我发现一个很有意思的现象，瓶装水的确是一个很赚钱的生意，但是大部分瓶装水企业都在赔钱，而且在亏损之后不能明确说出亏损在哪里。

写此文的目的是提醒想从事瓶装水或者已经在做瓶装水的企业，**以上的“坑”已经被很多企业踩过，不必以身试“坑”，同时也希望中国能涌现更多类似于农夫山泉、百岁山这样的优秀水企，丰富该行业的品类、价格带等，以满足市场的多样化需求，将瓶装水市场做得更大、更强。**

二、苏打水混战，厂商该如何抢占上风

如果没有受2020年春节时新型冠状病毒感染的肺炎疫情的影响，现在这个时间应该是各饮料品牌商的水头大战阶段。2019年，伴随着农夫山泉、青岛啤酒等饮品巨头涉足苏打水领域，其他中小型企业也尾随而至，2020年注定是苏打水不平凡的一年。

非常时期，再次加强人们的健康意识，苏打水自带的健康属性也随着大健康饮料的井喷而受到消费者关注，对于水企如何布局？今天给出一些建议。

（一）目前国内苏打水现状

1. 一些权威的数据

中国苏打水产业自2010年左右稳步增长，近几年，越来越多的品牌进军苏打水市场。根据凯度消费者指数数据，2017—2018年，苏打水市场销售增长率高达36.9%，而未来苏打水仍将保持高速增长。

尼尔森发布的研究报告指出，2018年食品饮料细分品类销售增长率数据显示，即饮豆奶、无糖茶、低温牛奶、苏打水等主打“低糖、健康”的快消品呈迅速增长态势。

“强烈的健康意识改变了人们对食品饮料的购买习惯。83%的中国消费者会主动调整饮食预防健康疾病，高出全球平均13个百分点，他们对健康食品和饮料也更重视，更有消费意愿。”

此外，79%的消费者会注意摄入食品和饮料的成分，82%的消费者

愿意多付钱选择成分安全的食品和饮料，远高于全球平均水平（68%）。

2. 常见的国内苏打水品牌

从包装看：以 PET 瓶为主流、易拉罐为辅，玻璃瓶零星可见。

从价格带看：以名仁的 3 元价格带为主、屈臣氏 5 元价格带为辅，其他产品价格带零星可见。

从渠道看：名仁在流通渠道发力，非流通渠道配合，其他品牌苏打水在 KA 和 CVS 上发力，其余渠道属于自然流通。

从促销看：名仁已经开始布局系统化的消费者灌输教育，消费者促销配合，其他品牌苏打水利用网络平台、事件营销等扩大品牌影响力。

（二）苏打水的品牌定位

很多头部品牌也仅仅是靠 1 ~ 3 个 SKU 打起“一线品牌”的大旗，这几个 SKU 不仅销量占企业份额巨大，同时也是企业品牌的背书之基。在媒体粉尘化的今天，**苏打水的推广只靠央视广告和品牌背书是行不通的**。

苏打水市场混战至今，依然缺少一个全国苏打水市场的领导性品牌，所以这个时候所有的苏打水企业好像又站在了同一起跑线上，谁先精准发力，谁就可以弯道超车，领跑群雄。

举几个例子：“天然弱碱性”“经常用脑多喝六个核桃”“怕上火喝王老吉”这些差异化的品牌定位深入人心，也是成就品牌的重要因素。

转念一想，其他的水都不是天然弱碱性？其他的核桃乳不能帮助经常用脑的人？其他的凉茶没有防止上火的功能？所以，苏打水的成功离不开差异化定位，先喊出来和后喊出来的效果有天壤之别。

下面就苏打水的特殊功能性提出几个定位，仅供品牌商参考。

1. 定位：养胃助消化

核心：中和胃酸。

苏打水能中和胃酸。胃中的幽门螺杆菌导致胃肠功能紊乱，胃肠蠕动慢，胃气上逆，因此会出现口臭反酸、恶心、呕吐、胃胀、消化不良、食欲不振等，而苏打水中含有碳酸氢钠，它水解后的碳酸氢根离子能够综合胃中分泌过多的胃酸及有效缓解幽门螺杆菌的扩张。

2. 定位：美容养颜

核心：抗氧化。

苏打水有抗氧化作用，能预防皮肤老化。

柠檬 + 天然苏打水：有助于增进食欲、预防皮肤老化、美容养颜。

3. 定位：缓解痛风

核心：溶解尿酸。

尿酸是痛风最大的元凶，弱碱性苏打水 100mg 能溶解 21.3mg 的尿酸，是普通饮用水溶解率的 2 倍。从作用原理上说，苏打水内的碳酸氢钠能够碱化尿液，促进尿酸的排出，有降尿酸的作用，所以经常饮用苏打水能有效地排泄在体内造成不良影响的尿酸，使患者从痛风中解脱出来。

虽然痛风比较难治疗，但只要每天坚持饮用苏打水 2000～3000ml，持续 15～30 天，血液中的尿酸值就会明显下降。

4. 定位：啤酒伴侣

核心：缓解消化不良。

一些人喜欢喝大量的冰镇啤酒，这容易影响消化功能，严重时引发痉挛性腹痛、腹泻等肠胃疾病。此时不妨喝点儿苏打水。适当饮用苏打水有助于调节消化功能，缓解消化不良症状。

5. 定位：胃黏膜保护伞，餐伴侣

核心：弱碱性。

苏打水呈弱碱性，有保护胃黏膜的作用。每次饭前 20～30 分钟喝下少量天然苏打水，可刺激胃酸分泌，帮助消化，其中的钙离子、镁离子还能软化大便，促进肠道蠕动，对调节新陈代谢、排出酸性代谢物有好处。

6. 定位：口腔问题

核心：减轻症状。

苏打水对于口腔疾病、口腔炎、咽喉病有很好的效果，用苏打水漱口或者经常饮用，可减轻症状。

7. 定位：抗疲劳

核心：提神解劳。

每天饮用苏打水可提神解劳，改善睡眠质量；吸烟者让香烟接近苏打水片刻，即可减少焦油与尼古丁对人体的危害。

8. 定位：醒酒、解酒

核心：加快酒精代谢速率。

天然苏打水能够加快酒精在人体的代谢速率，减少酒精对肝脏的伤害，是醒酒的最佳伴侣。在喝酒的同时饮用天然苏打水不易喝醉，喝醉时饮用天然苏打水醒酒快！

9. 定位：中老年保健功能

核心：分解作用，降三高。

基本上60岁以上的老年人多患有高血压，原因是体内酸性过度，血稠，血流速度慢。沉淀物附着在血管壁上，导致血管壁越来越厚，从而形成高血压。

苏打水可以很好地改善此症状，因为苏打水具有超乎寻常的分解作用，稀释力极强，可以把血管壁上的沉淀物进行分解并排出，长期饮用苏打水可以达到很好的降压效果。

案例分析：图7－1是市场上比较畅销的名仁苏打水的海报，可以看出，名仁苏打水的差异化定位是解酒、醒酒。

值得强调的是，由于苏打水对身体有9种益处，所以品牌定位点比较多，也可以整合定位。

例如：可以将解酒和帮助消化的功能合二为一，差异化定位为解酒助消化；青岛啤酒生产的“王子·海藻苏打水”，海藻的成分也为这款

图 7－1　名仁苏打水海报

产品增加了新的差异化定位。

但是差异化整合定位的诉求点不可超过两个，否则消费者就很难形成精准的品牌认知，反而增加了失败的概率。

（三）苏打水起步的运营模式：BC 一体化运营

我曾经在农夫山泉服务五年，五年里带领团队做得最多的有两件事：**一是终端店的生动化布建（B 端：实现店店有水堆）；二是消费者的灌输教育（C 端：社区水战、水测试）**。施炜老师曾经分析认知、交易、关系三位一体的理论体系时提出：认知即交易，交易及关系。

进入互联网时代，B 端开启的是渠道模式，职能是交易，是消费者购买的场景，C 端开启的是传播模式，职能是认知，是消费者选购的理由。

企业如果单一地做 B 端或 C 端就会慢一拍，在快鱼吃慢鱼的快消品行业就无法生存。苏打水在做出精准定位之后，接下来要做的事情就是 BC 一体化运营。

针对 B 端，有三个问题需要解决：

一是就渠道而言，眉毛胡子一把抓必死无疑，什么样的 B 端是品牌商的目标客户。例如：定位助消化先做餐饮渠道，定位美容养颜先做美容健身等渠道，定位抗疲劳先做写字楼周边便利店。

二是品牌商要针对苏打水定位打造一个什么样的场景来吸引目标消费者围观。例如：定位抗疲劳塑造白领加班的场景。

三是如何融合线上推广，做到线上宣传、线下体验。媒体先行，铺货、赠饮跟进。

针对 C 端，有四个问题需要解决：

一是如何引导 C 端了解苏打水，创造苏打水需求。如图 7 – 2 所示。

图 7 – 2 “痛风”联想到苏打水

二是如何吸引 C 端关注，提升苏打水品牌的知名度。如图 7 – 3 所示。

图 7-3　名人效应

三是如何在 C 端询问互动，建立苏打水品牌态度。如图 7-4 所示。

图 7-4　消费者沟通

四是如何建立品牌忠诚度，提高消费者购买苏打水的意愿。如图 7 –5 所示。

图 7 –5　沉浸式体验

（四）苏打水动销解析：靶向铺货，深度动销

即使是一线品牌，也不要借助自己的品牌背书和渠道力进行狂轰滥炸式的铺货，消费者的认知已经发生了改变，就像红牛一个单品一骑绝尘，其他产品默默无闻，所以配合产品定位的靶向铺货尤其重要。

选定目标渠道、目标网点的时候，建议**以深度动销逻辑为原则，当地一线苏打水品牌做品牌陈列（单独买断货架、冰柜独自陈列，避免竞品侵蚀），其他非一线苏打水品牌做品类陈列（贴着一线竞品去战斗）。**

今麦郎苏打水品类陈列：突出竞争优势，塑造消费者新认知。

今麦郎推出苏打水：大家都知道名仁苏打水在很多区域都是这个品类的老大，品类陈列就是和老大贴身肉搏。今麦郎塑造的就是消费者新认知：零售价格一样是 3 元；pH 是 8. 0；容量比竞品多 74ml，并且还有机会再来一瓶。

消费者意识在升级、生活方式在升级、消费能力也在升级。随着健康理念的不断被灌输，苏打水的风口相信很快就会形成，随之而来的是其他饮品企业的苏打水接踵而至。

三、瓶装水，淡季市场攻略指南

金秋十月，进入瓶装水的淡季，根据年度预算规划，虽然最后一个季度年度预算比较低，但是照样让很多水企的业务员抓耳挠腮。

为了完成任务指标，惯用的手段：利用经销商季度奖或者年终返利的诱惑，或者来年的经销权做抵押疯狂压货。这样做的后果就是下一年跨年产品大量滞销，伤品牌，伤利润。

那么，最后一个季度如何轻松完成业绩且不会有压货的后遗症呢？

我们从产品的结构和渠道特征相结合的角度来探讨沟通，或许会给大家带来一些思路。

值得注意的是：当你的业绩提高有困难的时候，说明你在市场操作中遇到了瓶颈。请牢记一个规律：**即使你的市场再糟糕，市场瓶颈有且只有一个，只要突破这个瓶颈，你的业绩才会有大的增长，如果你解决了这个瓶颈，业绩没有大的增长，说明你的瓶颈找得不对。**

假设一条 100 千米 6 车道的高速公路，出现了一些意外：

- 在 10 千米处发生一起车祸，堵了 2 条道。
- 在 20 千米处发生一起车祸，堵了 3 条道。
- 在 40 千米处发生一起车祸，堵了 1 条道。
- 在 50 千米处发生一起车祸，堵了 5 条道。
- 在 80 千米处发生一起车祸，堵了 4 条道。

这 100 千米的道路 5 起车祸已经够乱了，你的市场最差也就这么乱吧。在人力、物力有限的情况下如何突破？假如你有 5 个人，怎么最大程度地把道路疏通？

第一种方案：一起事故分配一个人，结果是每一起事故都处理不好，路更堵。

第二种方案：聚焦人员，5 人一组从头到尾逐一处理事故。结果是不能最快疏通，发现处理完 10 千米、20 千米、40 千米的车祸，对整条高速公路的快速通行没有影响，因为你处理完 10 千米处，50 千米处依然只能有一条车道通行。

第三种方案：聚焦人员，5 人一组先去处理 50 千米处的车祸，再处理 80 千米处的车祸，然后依次是 20 千米、10 千米、40 千米处的车祸。结果是处理完 50 千米处的车祸就可以有 2 条车道畅通无阻，处理完 80 千米处的车祸就会有 3 条车道畅通无阻等，效率最高。

第一种方案属于“头痛医头，脚痛医脚”，眉毛胡子一把抓；第二种方案明白了资源聚焦，但是不知道资源应该聚焦到哪里，焦点没有找对；第三种方案聚焦抓瓶颈，效率最高，也说明瓶颈有且只有一个。

上述是解决瓶颈的关键思路。那么饮品区域经理到底如何在最后一个季度完成自己的业绩？

区域业绩增长只有两个增长点：

第一，水平增长。就是开发新网点，网点越多，销售机会越多，销量必然增长，常用的方法就是盘点区域内高潜力网点，也就是竞品的高销量网点，通过某个单品叠加某项政策，逐一击破。

第二，垂直增长。就是在合作网点上面增加品项，单点销售的品项越多，销量越大。常用的方法是结合自己的产品结构逐一盘点自己服务的网点，梳理每一个售点缺少哪一个 SKU，逐步跟进补货，直到全品项进入。

基于以上描述落实到实际工作中，要重点分析你的产品结构和渠道结构的协调。你手里有什么产品，适合哪些渠道销售，要侧重考虑淡旺季的产品结构和渠道的销售差异。

饮品的销售渠道大致可以分为四大类：

- **流通渠道**：传统的便利店、超市等。

- **餐饮渠道：**所有有瓶装饮品销售的就餐场所。
- **特通渠道：**休闲洗浴、交通景点、运动健身等场所。
- **家庭渠道：**家庭用水、社区团购、电商等。

在人力和物力资源有限的情况下，如何找准瓶颈快速突破？我们逐一分析这些渠道的特性。

首先，流通渠道。随着温度的降低，人体本身的排汗量降低，对水的需求量降低，所以即饮场所的销量会降低，这是需求关系导致的销量下滑，不是完成任务指标的瓶颈，不宜再投入更多的人力和市场费用，否则只会事倍功半。

其次，餐饮渠道。餐饮渠道的消费者输出基本稳定，就餐人员不会因为气温降低而减少吃饭的次数，就餐环境温度相对恒定，对饮品销售影响不大。

再次，特通渠道。虽然气温降低会增加休闲洗浴、品茶聊天的消费者，但是特通渠道的销量毕竟只是对渠道和品牌的补充，综合销量比起其他渠道占比较低，可以加大投入，但不是你完成销量指标的瓶颈所在。

最后，家庭渠道。每个饮品的从业人员都明白二八原则，进入旺季,流通渠道是销量的主要来源，抓冰冻化、割箱等多点陈列，几乎没有时间关注家庭渠道。家庭渠道的销量对于旺季的任务指标来说也是杯水车薪，但是进入淡季就不一样了，销量指标会大幅降低，这个渠道销量就会决定分销的速度，也是完成任务指标的瓶颈所在。

市场销量的瓶颈有且只有一个，**只要解决了家庭渠道的销量问题也就解决了淡季销售指标的问题。注意：瓶颈是解决销量的关键因素，不是其他渠道不重要。**

瓶装水如何从水平增长和垂直增长两个维度快速提高家庭渠道的销量，突破这个瓶颈呢？

进入 10 月，即饮型瓶装水的销量会快速下滑，家庭用水的销量会快速上升。30 年前，市场上很少有瓶装水的存在，那个时候的人们认为水和空气一样，都是免费资源；10 年前，瓶装水已经在饮品市场上逐渐占据领导地位；现在瓶装水不但是即饮饮品市场的绝对老大，而且已经渗透到每一个家庭。

随着生活品质的提高，自来水主要是生活洗漱用水，招待客人已经开始用瓶装水，煮饭、泡茶已经开始用 4L 及以上一次性桶装水，中国有 14 亿人，大约有 4. 3 亿个家庭，可见市场体量之巨大。就省会城市而言，区域市场如果抓住 1% 的家庭用水客户，一个月就会产生千万级的销售额。

家庭用水可以从以下几个渠道突破：

第一，社区桶装水水站。随着消费的升级及人类对水的认知理念的不断提升，家庭用水也在不断升级，由自来水到 20L 左右的桶装水，再到桶装水和净水器水同行，最后到现在的一次性大包装瓶装水的快速提升，可见家庭用水的导向。

从营销 4P 理论看，同样的产品、同样的价格、同样的促销，哪些渠道更有利于抢夺这个市场份额呢？超市？社区便利店？其他场所？

经过消费者调查，影响 4 ~ 5L 大包装瓶装水购买的因素有：**61% 的消费者认为是便利性，不愿意远距离带回家；28% 的消费者会关注价格，但是距离太远了也不愿意购买；8% 的消费者会关注容量；3% 的消费者关注其他。**

可见大包装水的瓶颈在于渠道。那么问题来了，是现在建立渠道，还是利用已有渠道合作共赢，答案很显然——**社区水站**。

经过近 10 年的发展，桶装水社区水站通过相互竞争，优胜劣汰，早已自成一体，无论是前期新品推广还是后期配送及售后服务都已经相当成熟。就拿一线城市的容量来说，有不低于 3000 家的社区服务水站，有稳定的客户资源，有良好的合作关系，是导入大包装瓶装水的理想渠道。

第二，小区物业公司。高端小区物业服务处是很人性化的，几乎做到了保姆式的管理，定期举办社区活动，引入产品推荐会，和业主建立了很好的信任关系，他们很少通过产品赚钱，只是以服务和业主回馈的形式推广产品。

某高端小区交纳一年物业费赠送一件 4L 水，这个小区有 8000 户，当时销量就是 8000 件，后续业主体验到产品的特性，通过物业公司继续购买产品。之后这个小区月销量就稳定在 1000 件左右，类似这样的小区还有很多。

第三，社区便利店 + 店中店。我所讲的社区便利店的销售模式不是在社区便利店里面做一个拎桶陈列或者割箱陈列，这样做效果不明显，要学习白酒的销售模式：开店中店，定时上促销，租赁店内销售场所。高端小区的社区便利店很少，一般只有 1 ~ 2 家，这些店的面积相对较大，管理到位，干净整洁，服务周到，购物环境舒适，是理想的销售场所。

某高端小区里面只有一个 200 多平方米的社区便利店，按照白酒惯用的操作模式，在店内租赁了高 3m、宽 2.5m 的墙，做了一个厚度约为 35cm 的特陈货架，下面 5 节货架全部陈列产品，上面放一个电视机在特定时间段滚动播放产品广告，店方承诺送货上门，最后该店一个月 4L 水的稳定销量在 600 件左右。

第四，社区地下停车场。中高端社区的地下停车场已经不仅仅局限于停车，增加了洗车、汽车美容等服务项目，这是家庭用水的理想推广场所。在消费者等待时做产品推广很容易被接受，只需将产品放到地下停车场电梯口即可解决便利性的问题。

第五，社区团购。这是新一代的营销模式，可以加入相对成熟的团购平台，建立合作关系，这里我就不再叙述了。

写在最后

瓶装水从业者，尤其是管理人员，必须以长远眼光看待市场，不可集中在眼前利益。虽说业绩是业务员的生命线，但不可急功近利、杀鸡取卵，要确保市场良性发展。当业绩压力来临时，考虑你的业绩增长的瓶颈在哪里。切记瓶颈有且只有一个，找到它，突破它，业绩必有大的增长。

【案例】农夫山泉：坚持做好三米收银台，是成功的关键

过去，互联网尚未普及，绝大多数快消品从业者推崇和坚信终端为王、渠道为王。随着互联网全面走入线下，不少人开始鼓吹终端为王的时代已经过去了，跟不上时代的发展，淘汰是迟早的事儿。

这些言论的判断者不少是一些理论的研究者。虽然逻辑推理严谨，有理有据，但我不相信这些学院派水平会比百亿企业的掌门人水平高。如果他们意见有分歧，我更愿意相信这些董事长们，毕竟实干出来的结果不会撒谎。

纸上谈兵的成果，不值得借鉴，甚至会误导他人。我想告诉快消品从业者的是：

- **如果没有拜访 5000 个以上终端，没有深入地和这些终端店老板沟通过，就无法真正搞清楚终端为王的核心在哪里。**
- **时代确实在变化，但对快消品，非计划性购买品类（比如一瓶水或一包方便面），99% 以上的销量都是在终端店完成的。即使是畅销产品，如果放在仓库，也远远没有被陈列出来的产品销量**

大，终端为王永不过时。

以农夫山泉为例，农夫山泉今日取得的成绩有目共睹，尤其是河南大区，在 2009 年销售额不足 1 亿元，当时异常艰难，靠促销吃饭。但 2013 年河南大区销售额已经突破 10 亿元，近 10 倍的增长。相较于全国市场，无论是增长率还是销量的绝对值都遥遥领先。

回顾这五年，河南大区做了什么？当时的河南掌门人概括了三句话，作为指引河南市场的战略准则：

- **以 KA 的标准要求做终端。**
- **以市场的手段做销售。**
- **以“抢逼围”的方式抓基础销量。**

当市场面临困难或者偏离轨道时，再回到原点，透过现象看本质。这一切本质的背后是终端为王，终端的生动化工作，终端店老板产品灌输。

终端一线人员的工作要求是围绕“终端收银台”。河南大区坚持“终端为王”的理论，缔造了 10 倍的增速。

不仅是地方大区，上到公司董事长，亦是如此。

我去农夫山泉总部面试，最后一轮面试官是农夫山泉的创始人钟董事长。我们沟通了 40 分钟，很愉快，钟董事长一共和我交流了三个问题：

第一，最近看过哪些书，有什么心得？

第二，自我感觉最欠缺什么，哪些是你的短板？

第三，想在农夫山泉学到什么？

前两个问题与市场无关，不做阐述。但第三个问题，对我职业生涯受用一生。当时我的回答是：“如今的农夫山泉已经今非昔比，做到年过百亿元，饮用水第一品牌，基础工作相当扎实。我想学习公司的决策层是如何制定战略的，是什么样的策略能让农夫山泉高速成长。过去几年的历练，我对基础工作都很了解，迫切想学习更多关于战略、策略方面的知识。”

钟董事长笑着说道：**“产品是基石，没有好的产品，企业就不可能高速发展，这是首要前提。下一步就是市场，其实你没必要研究那些高深的理论战略，我和几位区总整天思考的也不是战略，更多的是研究终端店，研究终端店老板，研究终端店老板的工作场所——收银台。”**

他继续说道：**“你想一想，如果你的产品店老板帮你推销，销量会怎么样？如果店老板比较忙，你在收银台显眼位置贴一张海报或围一些帷幔，销量又会怎么样？这些生动化物料其实就是一个 24 小时的免费产品促销员。可口可乐就是这么做的。未来 10 年，甚至更久，我们依然会坚持。所以，我们的工作核心是研究终端店，洞察终端店老板，对收银台周边的事物研究透彻，我们的工作始终围绕收银台做文章，下功夫，坚持做好这件事情，我们就能成功，战略只是锦上添花……”**

从钟董事长那一番话，我们就能理解，农夫山泉近年来高速发展的原因，核心是终端为王，而终端的核心是决胜收银台。

具体如何决胜终端收银台，我想大概可以分成三个部分：收银员、收银柜台、收银台周边的助销设备。

希望下面的内容，能帮助快消品从业者和经销商真正理解终端为王的核心逻辑。

（一）终端为王第一步：决胜收银员

90% 以上非连锁终端店的收银员由终端店老板构成，他在终端店的角色是举足轻重的，决定了产品的购买、销售、推广等，所以决胜收银台的第一步就是决胜收银员。

（1）学会给终端店老板讲故事，讲产品的故事，讲利润的故事。

纠正店老板两个错误的观点：一是错误的产品价值观，站在自己的角度看待产品的成本和价格；二是错误地认为产品卖得快就是利润高。

这一点还得学习农夫山泉，十几年如一日地给终端店老板做水测试，告诉他农夫山泉是大自然的搬运工，产品是天然弱碱性的，有益于身体健康，日复一日、年复一年地灌输，后来大部分店老板自己都会做水测试，给家人做，给消费者做，并且以自己学会了一个知识点为荣。

不管是什么样的终端店头，不管是什么样的店主，开店的目的始终是不变的，就是盈利！那么在有限的人流量、有限的场地和有限的购买瓶数上，店主必然要选择利润高的、好卖的产品来提高自己的盈利空间。这个盈利空间就是农夫山泉终端业务员要给店主讲的“利润的故事”，也是农夫山泉的增量空间。然后业务员会对比市场某畅销饮用水，通过产品零售角度、陈列奖励费用角度等最后综合得出农夫的利润是竞品的多少倍，让店老板豁然开朗。

（2）《孙子·谋攻篇》：“知彼知己，百战不殆；不知彼而知己，一胜一负；不知彼，不知己，每战必殆。”

要想拿下终端店老板，必须深刻认识到自己产品的优势和劣势、机会和威胁，同时换位思考，站在主要竞品的角度再次分析优势和劣势、机会和威胁，反反复复。在和店老板简短的沟通过程中，如何良好地介绍产品，促进成交，一定要充分准备。

（3）一生之计在于勤，面对终端店老板要做到：高质量的拜访，深入的沟通。

中国式的成交与众不同，利润固然重要，但是客情更重要。在很多情况下，业务员和老板客情良好，此老板宁愿贵一些接你的产品，也不愿意便宜一点接客情差一些的业务员的产品。其实原因很简单，终端店老板需要一个保障。例如：快消品都有保质期，客情好的业务员就规避了信任危机，稍贵一些不会有遗留问题，但是客情不到位，店老板会想虽然便宜地进了10件货，但凡一件货过期就得不偿失，所以客情需要“勤”来做。

（二）终端为王第二步：决胜收银台

2～3米的柜台是收银员的工作场所，也是整个终端店的核心场所，这是所有消费者的必经之路。围绕这个柜台的生动化布建，如割箱陈列、堆箱陈列、海报、帷幔等，它的消费者到达率是 100%，是任何一个货架陈列或端架陈列都无法比拟的。

我学习过很多标准化陈列方法，但是印象最深刻的，也是让我最信服的是一句话：**陈列最佳效果，店外看得见，店内到处见。**这句话高度概括了收银台产品展示位置的重要性。如果想让你的生动化物料做 24 小时免费的“促销员”，那么它应该“站”在收银台上面或附近。

决胜收银台的第二步就是决胜收银柜台。

收银台是整个终端店客流最集中的地方，每个顾客都必须经过这里，在这里做陈列，任何时候顾客看到后都会无意识地购买，这也是我们常说的“顾客随机性购买”。

通过对收银台架的陈列，我们可以提醒消费者购买，刺激其消费，是非常好的品牌宣传窗口。当然，收银台陈列，不愁动销，也是所有产品的必争之地。那么就需要换位思考一下，如果你是终端店老板会在这里陈列什么产品？

- **商品的毛利率需高于店内所有同类产品的平均毛利率。**
- **容易被顾客忽略的商品及冲动性购买的商品。**
- **同一个货架的商品不要太单一，需多样化。**
- **商品的体积不要太大，不要选择易碎、液体类的商品，如玻璃制品、瓶装的蜂蜜等。**
- **商品定期更换，保持新鲜度。**
- **食品和非食品应分开陈列，不应在同一货架陈列。为提高整体毛利率，在商品陈列上 70% 货架陈列非食品（儿童玩具、指甲钳、电池等），30% 货架陈列食品……**

既然如此，我们需要注意什么？

- 选择高毛利率的明星产品陈列。
- 必须配备明确的价格信息，以便顾客决策。
- 产品陈列必须有相应的气氛布置，如某品牌商品的新品宣传海报、陈列商品的特价信息宣传等，以此进一步提高消费者的购买意愿。

- 收银台前货架陈列的产品要提醒终端店老板注意防盗。

最后强调一下海报的张贴，海报的张贴原则是：**就高不就低，就内不就外。整个终端店最佳的海报张贴位置是收银员背后的墙上非遮挡区域。**

（三）终端为王第三步：决胜收银台周边的助销设备

收银台周边的助销设备有哪些？在通常情况下，**80% 以上的收银柜台都在门口附近，80% 以上的冰柜都在收银台周边，80% 以上的收银柜台周边都会有一组端架，这些助销设备可谓是兵家必争之地。**

决胜收银台的第三步就是决胜收银柜台周边的助销设备——**端架 + 冰柜**。

每个终端店都有一个更新最频繁的货架，进门后，面朝收银台的第一个货架或者端架被认为是终端店的“黄金地段”。这里是顾客的必经之路，排队结账的时候在此逗留。在这个货架上，没有一件商品会平白无故地出现。如果计划在某一个终端店做货架陈列，势必拿下这个端架，以起到品牌引导和销量兼顾的作用。

在实际的市场走访中会发现这个端架很难搞定，由于经营压力不断增大，终端店老板早已开始精细化管理店内产品，不会为了厂家提供的陈列费用而左右黄金货架，即使拿下也代价惨重。我的建议是：**关于这个“黄金地段”只做品类陈列，不做品牌陈列**。没有对比就没有伤害，在同品类产品中只要你布建完美，竞品就是你的嫁衣，同时在费用支出方面会大大缩减。

冰柜是饮料旺季的“军事重地”，有几个实操经验和大家分享一下：

第一，养成随手塞东西进冰柜的习惯。在拜访工作中，我一边和店老板聊天，一边向冰柜里塞产品，利用客情和经验判断老板的最大接受度。要明白冰柜里面放多少就相当于卖掉多少，PET 饮料只要冰冻 2 个小时以上就无法取出，一旦取出就面临瓶体变形、脱标等情况，就会造成损失，所以产品会一直在冰柜里面直到被购买。

第二，冰柜门上要张贴推拉贴。这类生动化物料是最重要的广告，张贴也有技巧，一般张贴在从上至下第二层的下半部和第三层的上半部对应的冰柜玻璃门内侧，既起到宣传作用又不遮挡产品。

第三，冰柜陈列要集中，排面永远大于主要竞品。大小是相对的，如果自己的排面做不大，就要减少竞品的排面。

第四，不可忽视冰柜产品的生动化布建。试想一下，所有的饮品都在冰柜里靠自身形象展示，你的产品搞一些装饰就会与众不同。

第五，如果冰柜内部冰道竞争太激烈，就要考虑利用空气贴在冰柜玻璃门内侧粘贴自己的特制货架。

第六，切记：**冰柜陈列，客情比费用重要，越靠近收银台的位置越佳**。

在我看来，针对非计划性产品，尤其是快消品，终端为王永不过时。即使你有更好的产品，有更好的广告语，有更好的渠道，如果消费者无法买到，你就无法完成销售，自然无法得到利润。

时代在变迁，产品同质化问题越来越严重，网红产品也是短暂红极一时，消费者的忠诚度培养越来越难。终端为王就是谁掌握了销售终端，谁将终端店打造为自己的品牌窗口，谁将产品营销场景化，谁就是市场的赢家。

做好终端建设成为每一个生产消费品企业的必修课，产品只有占据终端市场，在销售点上与消费者见面，建立基本认知，才有可能被购买。企业只有控制了终端，才能控制市场的主动权。

如果没有终端，营销就成了无本之木。

无论什么样的产品和服务都无法实现再循环，通过终端生动化能体现出品牌的文化、品牌的思想、品牌的价值及品牌倡导的生活方式等，它表现的不再是单独的销售功能，而是品牌功能的综合展示。它是以品牌为纽带，全方位服务为轴心，充分体现产品的个性化、差异化，真正把销售变成消费，这就是“终端为王”。

【案例】今麦郎：四合一策略成就高增长

很多朋友看到今麦郎无论是面品还是饮品，在整体市场份额萎缩的情况下依然保持高速增长的状态，咨询我其本质原因是什么?

的确，四合一起到了至关重要的作用，于是很多学者就开始研究今麦郎的四合一，很多企业安排管理人员学习今麦郎的四合一，甚至出重金挖今麦郎的中高层管理人员来协助自己的企业落地四合一。

但是结果都不太理想，本质原因是有三个逻辑没有搞清楚，这里就今麦郎的四合一模式和大家做简单的分享。

（一）第一个核心逻辑：人效逻辑

四合一的核心不仅仅是单一的营销手段，而是人力资源体系和营销体系的综合体，销售总监惯性地单纯用传统的 4P 和 4C 来研究分析四合一，就容易走进误区。**中国的宏观经济体系决定了传统快消品的走势必然是向存量要增量，大鱼吃小鱼、快鱼吃慢鱼。**

最省钱、最高效的办法就是通过一套体系来不断提高从业人员的激情和意愿。一件方便面给终端便宜 0. 5 元，不会有大的销量冲击，但是给业务员增加提成，销量可能会增加 20% 以上。

有效激励来提高人效是四合一的核心逻辑之一。在这一点上，今麦郎是行业中把人用到极致的企业。

先来看看人力资源的 6 个板块：规划、招聘、培训、绩效、薪酬、劳动关系。接下来看看四合一的组成：人、车辆、终端机、区域承包。一一对应之后会发现：

- 人，即小工。规划、招聘和培训就是对小工工作思想的灌输和驾驭。
- 车辆：是小工出油费或者小工自己的车辆，是高效率、低能耗的运输代表（线路规划自己会优化）。
- 终端机是绩效和薪酬，也就是人效提升的核心。企业将市场基础工作和销售基础工作打碎分解为每一个步骤，量化考核，业务员干一点赚一点，积少成多，提成日日发，彼此收入透明化。
- 区域承包是劳动关系的确立和利润五五开。四合一的初衷，来源于从“小岗村”开始的中国农业改革的成功，就是解决分配权的问题。

分配权越下沉，基层业务员的主人翁意识越强（经销商小工思维模式：不是给经销商打工，是真正给自己干，干得越多，赚得也越多），工作激情越高，效率也就越高，最终企业的竞争力就越强。

最终四合一带来的利润增长来源：小工激情下的增量和各个环节高效运作节省下的费用。

总结：实际上，中国的快消品商圈还处于摸索和创新阶段，尤其在经销商层面和经销商小工层面，传统的经营模式是以包代管，即经销商获取了某一区域的代理权，安排自己的团队完成销售服务工作。

那么两个层面的问题就产生了。一是经销商思维：**我不是品牌商，产品不是我的，合作的长久性没有保障性承诺，可能做起来了代理权就没有了，我的目的是尽快利用产品赚钱，尽快利用我的团队赚钱**。这一思维导致经销商老板的人效不能提升。

二是经销商小工思维：**市场不是我的，产品不是我的，只有工资是我的，今天待遇好，我给这个经销商老板打工，明天那个经销商老板待遇好，我换一家打工赚钱即可**。这一思维也是经销商小工人效不能提升的主要原因。

趋利避害是人的本性，是无法改变的。但是今麦郎的四合一却扬长避短，顺应了人性，把市场还给小工，把产品还给经销商，把经销权建立在经销商和小工一起奋斗的事业上。流自己的汗，吃自己的饭，自己的事情自己干，从根本上做到了顺应人性、提高人效的目的。

（二）第二个核心逻辑：网点和服务

很多营销人员陷入逻辑怪圈，首先担心的不是有效合作网点的数量，而是从动销的角度出发，铺下去的货不动销怎么办。给经销商和业务员戴着“手铐”和“脚镣”工作，试想一下谁愿意主动大干一场？

今麦郎范现国董事长在经销商会议上给经销商和员工做培训时候讲到一个核心问题：**“完成销量目标是自始至终地看问题，还是自终至始地看销量？”**

我认为必须自终至始地看待销量。有些经销商赚了很多钱，要想赚钱就要完成销量。要完成销量需要什么条件？需要多少个网点？完成这些网点需要多少车辆？

罗列一下问题就解决了，没有这些资源就完不成这些目标，所以要在启动的时候就配齐了。**四合一首先解决的就是网点和服务问题。**

1. 网点目标的推算、分解、跟进

很多企业规划年度任务预算的时候，规划的都是销售目标，粗放的企业规划到某一个县城的某一个经销商来年的年度任务是多少金额、多少箱，稍微细致的企业会规划到每一个月、每个季度的销量目标，再细致一些会规划到任务由哪些品项或者哪些渠道完成。实际上，规划为规划，落地执行的时候经销商眉毛胡子一把抓，努力提高总销售额完成自己的指标。

今麦郎不这样干（当然今麦郎对任务的跟进也从未放松），我参与过几次今麦郎的年度预算，**销售任务的分解规划的重要性明显低于销售网点目标规划的重要性。**

以一个地级市场为例，具体的步骤如下：

- 将一个地级市区域充分划分到地级市有几个区，有几个县城，有几个乡镇，有几个自然村，同时将地级市的人口数量按照最小单位进行一一对应，根据市场强弱以 200 ~ 400 人一个网点进行测算，规划年度网点任务和车辆配置要求。
- 根据网点数量和地理因素将一个县级城市划分为几个片区（区域承包）。
- 将网点目标追踪落实到每一个片区的承包者身上、落实到每一个月（月度总结）、每一天上（晨会跟进）。在网点目标的后期跟进上今麦郎从不手软，重奖重罚（开发一个网点今麦郎拿出 20 元做奖励），公司内部销售团队和经销商都是考核对象。

对于销售团队而言，完成销售目标没有完成网点目标的收入远远低于完成网点目标没有完成销售目标的人员收入，考核决定公司的方向，重考核决定公司的重要方向。

对于经销商而言，未完成网点目标的账扣处罚也非常严重，网点达标不是考核达成率，而是实实在在的网点个数。

2. 量变引起质变

有一个销售常识：货卖堆山，一个小贩开着货车在社区门口卖梨，车上装一车梨和装小半车梨，社区居民购买梨的总量是不一样的，尤其是最后几个，即使没有什么毛病也不好卖。

再深挖一点，这个社区有两辆这样的卖梨货车，东一辆、西一辆，那么社区居民购买梨的总量绝对大于只有一辆车卖梨总量的两倍。市场就像这个社区，货车就好比是网点。

例如：一个市场铺了 100 个网点，一个网点月销量是 10 件，如果一个市场铺货 1000 个网点，一个网点月销量还是 10 件吗？答案肯定不是，最少 15 件。这就是货卖堆山，量变引起质变。此时，今麦郎的产品力和动销力无形之中增强。

今麦郎四合一的整体力量恰恰在潜移默化地改变市场格局，业务员在终端店围绕销售基础工作和市场基础工作而做的作业内容全部进行分解，并量化到每一个动作，打造出成千上万个“卖梨货车”，最终销量就会呈现几何式增长。

3. 车辆、网点和服务

没有车辆就没有网点，没有网点就没有销量。掌控网点就能让销量落地，规律性地拜访就可以实现销量的持续稳定，帮助经销商提高对网点的掌控能力，就可以实现销量的稳定增长。

今麦郎董事长范现国早在 2011 年就提出了四合一将成为今麦郎与经销商合作关系前提的企业级最高决策。以上内容相信研究四合一的人并不陌生，我就不再一一详解了。

总结：中国的经销商近 90% 没有自主市场规划能力，把营销两个字拆开看，经销商只会“销”，不会“营”。

大部分客户在按照品牌商的思路和要求做市场，跟着品牌商一起发展，依赖性很强。品牌商企业就像经销商的领导，一个领导只给自己的下属下达年度、月度、分品项任务指标，却没有教经销商怎么去完成，这样的领导是一位好领导吗？

从某种意义上讲，今麦郎的网点过程项考核确实做到了任务指标的过程帮扶，也是完成销量指标的方法。主动接受和被动接受的经销商，坚持下来的都获利满满。当然，慈不带兵，仁不掌权，厉才是爱，纵真是害。

（三）第三个核心逻辑：终端系统带来的数字化营销及其桥梁纽带作用

说起今麦郎的终端系统，不得不提四合一导入推广期和成熟期使用的魔力互通系统，**如果把“人”“车辆”“片区承包”比作一颗颗珍珠，终端系统就是穿珍珠项链的那根线。**这根线不仅要结实，还要有效和高效，它起着承上启下、上通下达的作用。

简单来讲，有以下几个作用：

- 将渠道和终端场景数据化（数据本身的价值不大，关键是后台依据数据实施管理模式创造的价值）。
- 网点可视化。
- 费用管理透明化。
- 沟通管理实时互动化。
- 经销商管理移动化、库存管理一体化。

再具体一点，终端系统可以做到以下几点：

第一，让经销商明白自己的使命，**如何通过数据桥梁实现双方的高效配合**。例如：如何通过终端系统的有效监控，将市场费用（促销品、赠品、陈列奖、生动化物料等）的投入和核销简单化、透明化，大大降低核销程序的烦琐，解放双方。

如何利用终端系统控制每一个终端店各 SKU 动销情况服务厂商的进销存，做到有计划地生产、有计划地发货、高效配送提高资金周转率和降低产品临期风险等。

第二，业务员的市场工作包括销售基础工作**（当天的上线率、拜访家数、在店时间、工作时间轴、是否高效、订单数、订单 SKU 数、拜访成功率等）**和市场基础工作**（货架牌面数、牌面位置、生动化执行情况、陈列执行情况、相比竞品情况等）**。

只有基础工作扎实，市场销量才会稳健提升，学会利用终端系统将这两项基本工作碎片化、步骤化，通过有效激励的方式达到不间断地跟踪和检核，最终达到人员工作可量化追踪，服务网点可视化修正，一店一策略。

第三，**经销商对市场只有模糊的印象，跟着感觉走，团队打造一般局限于整体销量**。教会经销商通过终端系统宏观看待市场，数据化分析每一位员工各个品项的销量和利润产出，监控每一个售点的执行情况，做到团队沟通工作实时互动化。帮助经销商实现管理表格化及做到一部手机时时监控团队人效和人员收入。

第四，根据市场实际发展趋势，利用终端系统针对终端店进行门店管理、售价管理、单店投入产出管理等，提高产品终端势能。

第五，利用终端系统数据分析对经销商的市场进行综合销量等级划分、SKU 等级划分、重点渠道等级划分等，将市场板块化，根据板块化基础决定市场的有效作业。

第六，通过终端系统监控销售经理、主管、业务标兵等对业务能力较弱人员实施帮扶的过程，可视化、可量化，发挥每一个人的特长优势，扬长避短，把合适的人放到合适的位置，做合适的事情，发挥其最大潜能。

这是我对今麦郎四合一的简单认识，很多人咨询四合一如何操作，往往把研究点放到了四合一本身，即从人、车辆、终端机、区域承包四个方面入手，这是错误的。

四合一的核心是高人效取代了低人效、高效率取代了低效率、高能效取代了低能效、上下互通取代了单向沟通。

就像今麦郎董事长范现国所言："市场的决策每时每刻都在发生进化和分化，**你做的工作是属于进化，还是属于分化呢?**"

附 录

一、某经销商的价格变化策略分享

对市场而言，定价定天下，价格问题既是经济学问题，其关键是需求的弹性，也是心理学问题，其关键是购买者的购物心理。给大家分享某经销商在2020年价格变化策略的案例，先说一下基本情况：经销商老板张总主营一款品牌饮料A，三线城市，市场人口160万，年销售额2500万元，主要对标竞品年销售额2000万元，服务渠道为线下传统渠道和地方性卖场，地方性卖场渠道整体偏弱，所以传统渠道销量占比高达95%。

2020年初，张总和我沟通的疑惑是：2019年他的经营陷入了一个价格怪圈，一方面无法平衡价格、利润和销量三者的关系，因为销量目标是品牌商制定的，完成个八九不离十，否则会影响来年的代理权。往年为了完成销量，加大促销力度来降低价格，虽然利润也随之下降，但是销量上来了，能完成厂家的销量指标拿到年终返点，生意也能凑合做下去。2019年依然用老办法，但是价格下降了，利润降低了，销量不升反降，生意很被动，好像陷入泥潭，进退两难。另一方面和竞品的差距越来越小，2019年是近几年和主要竞品销量差距最小的一年，随时有被赶超的危险，所以很困惑。这些问题如何解决呢？

（一）要了解价格、销量、利润三者的变化关系

对于经销商而言，很少面对消费者，更多的是面对终端网点老板，所以多年养成的优良习惯是开票价固定不变，通过坎级搭赠政策调整价

格。也就是说，产品开票价是常态下经销商出货的最高价位。在政策的调控下可能出现四种情况：

- 重利润：降低促销力度，使产品价格上升，销量下降，总利润在上升。需要提醒的是，促销力度的调整要在可控范围之内，即对销量的影响波动也可控。这种情况适用于品牌商的年任务可以完成或者已经完成的状态。
- 操作失误：降低促销力度，使产品价格上升，销量下降，总利润在下降。上面的促销力度调整超出可控范畴，价格影响了销量，由销量大幅下降致使总利润降低，这是自己噩梦的开始，也是竞品反击的良机。这是最不应该出现的状态，要监控市场，及时发现、及时改正。
- 重销量：提高促销力度，使产品价格下降，销量上升，总利润在下降。值得提醒的是，促销力度的调整要在可控范围之内，即对利润的影响波动也可控。这种情况适用于冲刺品牌商的年任务，完成指标拿年返。
- 理想状态：提高促销力度，使产品价格下降，销量上升，总利润在上升，这种情况的市场基础比较扎实，价盘很稳定，稍微加大一点促销力度即可换来较大销量，致使总利润上升。

总结：我们不难看出不同情况下价格对销量和利润的影响，就经销商而言更加重视自己的利润，就品牌商而言更加重视经销商的销量，经销商老板需要平衡自己和厂家的利益需求，这样生意才能长久。

（二）要注意价格调整后终端网点和竞品的变化

首先我们要明确通过渠道促销手段做价格调整的目的是什么？不外乎三个理由：抢占市场份额、提高销量、提高利润。伴随而来的必然有两个因素：终端网点老板的反应，由产品价格的敏感度决定接货的多少；市场上主要竞品的反应，是跟价还是暂时观望。

价格调整分析：经销商在调整价格时要注意两点，第一点，价格调整以后需要卖掉多少才能保证销售额在之前的基础上不降低；第二点，价格调整以后需要卖掉多少量才能保证利润总额在之前的基础上不降低。这两个问题都要考虑。第一个问题关系到来年厂商是否正常合作，因为未达到品牌商的销售指标或者差得太远，很可能丧失经销权，之前的市场经营全部白费；第二个问题关系到现在经营的利润能否满足，因为没有足够的利润生意就无法持续下去。所以两点都要满足。

满足第一点就必须注意新旧供货价比例。例如：品牌商搞促销10搭1，市场实际消化产品11，但是经销商任务只计算10，产品原价是11元，现价是10元，销量就需要提升10%，也就是促销力度的量。

满足第二点就必须注意新旧供货毛利率比例。例如：经销商高渠道促销活动，之前的利润是10元/件，现在的利润是8元/件，为保证总获利不变就要注意销量提升25%，否则不如不搞活动。

当然，在销量和利润之间还要平衡自己的市场份额（这个数据一般品牌商会提供支持），市场份额是产品竞争格局的体现，也决定下一步产品的发展趋势，只要势头表现好产品就可以良性发展。

终端网点老板分析："价格+利润+销量"最终都反馈到终端店老板身上，所以这个角色十分重要。终端店老板会通过以下六个方面进行思考：

- 该产品的市场受欢迎程度，能否快速变现？
- 一次性大量接货对比之前的销量数据，预估什么时间销售完毕？万一滞销怎么办？
- 替代性强的同类产品有什么活动？对比发现利润差别。
- 我的资金够不够，有哪些钱不可预支（如贷款还款日期、即将来临的重要节假日礼盒备货等）？
- 我的仓库够不够大？可否先交预付款不提货？提货和交预付款有什么政策差异？
- 是否有一些突发情况导致产品需求量猛增（例如固定时期的单

位团购等）？

这些问题是终端店老板必须思考的事情，价格调整之前要考虑到。

竞品接收到价格调整后的动作反馈：迅速反馈，跟随做市场促销，本品和竞品的价格差异优势有多大？不做反馈，本品和竞品的价格差异优势能够持续多长时间？

总结：一个产品在市场上具备一定的影响力，价格调整是牵一发而动全身的事情，既要充分考虑终端店老板和竞品的感受，又要平衡厂家销售指标和自己的利润。

（三）具体如何落地

就上面的分析，经销商张总是如何落地价格调整政策的，我们简单分享一下。2020 年受新型冠状病毒感染的肺炎疫情的影响，4 月初可以初步实现部分商业活动，4 月底 5 月初才实现了完全正常的市场作业。

第一步抓销量，没有量就不会有势：在 4 月上旬，城市刚刚解禁，饮品旺季马上到来，张总亲自开车拜访堡垒批发客户，将价格压到全年最低（力度大于往年的水头促销），让批发客户整车接货，并承诺滞销售后问题（一般情况下不会有问题，毕竟全年销量数据心中有数），50 天之内整车出货 20 余车，回款 300 万元（受疫情影响较大）。此时，市场主要竞品由于厂商之间有矛盾，正在调整经销商，对促销力度没有给予反馈。

第二步抓利润，没有利润生意就无法维系。6 月开始，逐渐缩小促销力度，7 月下旬甚至取消一切常规促销，集中精力做市场动销工作，以动销拉动分销，价格上涨，利润上升，销量降低（此时市场上批发的货正在动销，整体销量还在上涨）。

第三步进入理想状态，要做到销量和利润双增长。8 月初，继续投入市场动销方面的工作，同时又一波大力度渠道促销开始运作，大部分批发客户开始回转接货，此时价格降低，销量快速上升，总利润也在快速上升，这个状态一直持续到国庆节结束。

总结：上面的描述只是高度的概括，具体的执行有很多细节无法一一描述，但是可以发现：经销商关于价格的调整要有规划性，要有阶段性的目标。最终的结果是：张总2020年年度销量和2019年持平，取消了杂乱无章、“头痛医头，脚痛医脚”的促销方式，整体利润上升10%左右，更加值得提出的是张总的产品和其主要竞品的销量差距为历史最大，几乎可以独大市场。

写在最后

营销人员都懂产品价盘（指终端接货价，终端零售价一般不会变化）的重要性，缺乏的是价格调整的规划性及价格调整之后终端店老板的反应预估和市场主要竞品的反应预估。简单来讲，就是这个阶段的促销价格调整和下个阶段的促销价格调整除了促销力度和促销时间对比外，其他方面几乎没有任何联系，致使全年的价格调整对营销阶段性目标没有具体的规划，对销量和利润没有主观宏观的掌控权。结果可想而知，往往就是全年很辛苦，钱没有少花，市场没有做好量，自己没有赚到钱。所以，任何价格调整要记住六个关键词：全年规划、终端店老板、竞品、利润、销量、理想状态。

二、盘点经销商老板的几个问题

最近几天和几位经销商聊天，相互倒了苦水，本来生意就越来越难做，受新型冠状病毒感染的肺炎疫情的影响，更是难上加难。有的老板说自己的员工不体谅自己；有的老板说企业不考虑经销商的苦衷，销售任务一直不减，费用支持也没有提升；还有老板说自己坚持不下去了，投资那么大，利润那么低，还不如把钱存银行赚利息等诸如此类的丧气话不绝于耳。但是部分经销商靠经营的品项属性（米面粮油、方便面等）逆袭收入颇丰，也有部分经销商依靠模式变革赚得盆满钵满等。一个市场有一个市场的问题和对应的解决方法，下面我和大家聊几个经销商头疼的问题和解决办法。

（一）业务员日拜访家数的“口水仗”如何化解

由于受新型冠状病毒感染的肺炎疫情的影响，2020 年终端店接货比较保守，最直接的就是业务员良性压货比较艰难。由于人流量的减少，产品动销也较为艰难，所以出现的第一个问题就是：成交家数低，成交金额也低。解决问题的办法是老板认为城区/乡镇业务员一天至少可以拜访 30～40 家网点，而业务员开始抱怨一天只能跑 25～30 家，要么给加班费，要么再招募几个人员降低工作量。

千里之堤，毁于蚁穴。这看似是一个很小的“口水仗”，业务员不会闹出大动静，但上有政策下有对策，如果不好好梳理就会导致业务员心理疙疙瘩瘩，严重影响人效。

拜访家数的问题本质是线路规划的问题，40 家也好，30 家也罢，不是哪一个说了算，是数字化计算的结果，我们分步骤拆解一遍。

区域：一个业务员的服务区域是由网点数量决定的。一般情况下，城区大约是 200 人一个网点，乡镇大约是 400 人一个网点，根据行政区域人口数即可计算出网点数，这些网点要按照区块、街道划分线路。注意一点：根据网点覆盖率（品牌商一般会有全国服务网点平均覆盖率数据）测算出业务的网点总数。

线路：一个业务员根据产品属性，线路规划一般有三种形式：6 条线路（周访）；9 条线路（旬访）；12 条线路（半月访）。可根据线路规划情况测算出到达每一条线路首店的时间。

网点：网点的时间规划有三个要点，即区域网点数量要达到服务网点数量的 1.5 倍，方便业务员进行网点的动态汰换；网点的等级，根据销量将网点分为几个等级，安排不同的拜访时间，如前 20% 用时 10 分钟，前 50% 用时 5 分钟，前 100% 用时 3 分钟；网点之间的距离，根据网点的密集度规划网点之间运动的时间。

接下来和业务员测算一下：你所在区域的网点数是否达标？一条线路的时间 = 到达首店的时间 + 分等级网点拜访时间 + 网点间距移动时间 + 返程时间（作业完毕之后不返回公司不计入），再加早晚会时间是否达到 8 小时？

总结：网点是业绩的根基。当天网点拜访数量的多少看似是一件小事，实则关系销量和利润。很多管理人员在业务拜访家数问题上常常拍脑袋，业务员不会自行梳理线路，矛盾都憋在心里，对业绩的影响很大。我们知道 70 后、80 后管理靠命令，90 后管理靠沟通，没有做到“以理服人”的沟通，最直接的结果就是居高不下的离职率和居低不上的人员效率。

（二）如何增加品牌商对自己的费用支持

2020 年的新型冠状病毒感染的肺炎疫情让经销商深刻地认识到品

牌商资源的重要性，尤其是春节期间备货礼盒的经销商，出现滞销后品牌支持经销商的费率有天壤之别。在正常经营之中，市场要想做大、做强，品牌商的支持必不可少，只有配合得当，才能实现双赢的局面。

经销商之间联系紧密，发现品牌商的支持早已不是大锅饭，如何争取费用最大化呢？

首先要修正自己的一些错误观点：

- 品牌商的费用要得越多越好，这是一个误区。厂商合作，都有自己的费效比账目，超过费效比的费用一般不会投放，即使是超额投放也意味着市场的期望值更高、要求更高，一旦无法达到预期，就会果断截断费用。
- 多要费用，多截流，留下的就是利润，这是一个重大误区。不要想着虚报核销资料克扣费用，品牌商算的是总账，控制的是整体费率，即使你侥幸获得了一些费用，也是品牌商睁一只眼闭一只眼默许的（很可能秋后算账）。后期经销商在品牌商管理人员那里上了黑名单，很多费用品牌商管理人员怕经销商虚报被稽查而受牵连，不会给经销商申报甚至都不会告知经销商。
- 喜欢裸价操作，向品牌商提出裸价要求，费用自己说了算。一线和二线品牌不会答应，答应你的品牌商都是小规模企业，产品风险很大。

怎么才能实现品牌商费用支持最大化呢？建议从以下四个方面入手沟通：

- 费用透明化，确保不失信于品牌商：经销商向品牌商申请费用要列出使用明细和有把握达成的目标，核销的时候要注明费用使用及达成情况。
- 经销商要主动投入，以小博大：市场是双方的，利益也是双方的，没有单方面投入的道理，聪明的经销商申请费用的时候会有比例地自行投入，如做市场需要 10 元，经销商和品牌商依据二八原则进行投入。

- 努力将自己的市场变为重点市场或者试点市场，品牌商的费用不会撒胡椒面，必然有所侧重，但是只会侧重重点市场和试点市场。
- 和品牌商做好配合：配合度越高，费用支持越大。

（三）不合理的压货是利润的最大杀手，如何对接品牌商人员

有一位经销商遇到过这样的问题，他主营农夫山泉，年底城市经理为了拿到几万元的年终奖就要求该客户再发十几万元的货。经销商很为难，不发怕得罪城市经理，这个季节发了，马上就是水头政策，肯定亏损 5 万元以上。最后他还是发了，亏损也认了，但是很不舒服，自己一年下来也赚不到几个 5 万元。这种情况相信很多经销商都遇到过，怎么妥善处理呢？

首先要了解品牌商的常用套路：

- 给大力度政策甚至包括仓库补贴：经销商要量力而行，不可为了芝麻丢掉西瓜。
- 区域切割或者品类切割：不达标就画地为牢开新户，或者切出几个品项找另一个客户分品类经营。
- 死磨硬泡：这些品牌商管理人员没有技巧，靠唠叨取胜。

建议处理方法：

- 不卑不亢 + 软暴力：既不担心经销权，也不抗拒压货，品牌商比的是横向达成率，即只要你的达成率在区域经销商里面不太落后，保持中等，就不用担心经销权的问题（注意要和品牌商人员搞好人际关系），至于打款发货可以找各种理由拖延，时间很快就过去了。
- 不压没有动销方法的货：品牌商人员要压货，首先分析经销商压货的困难，如果品牌商人员有合情合理的解决方案（新开渠道或者费用支持等）就可以酌情考虑压货。
- 先小人后君子：为压货承诺的费用要以书面的形式确认签字，确

保日后无忧。

- 面对简单粗暴的经销商管理者要和其上级保持联系，如果品牌商管理者都是一样，那么最好放弃经营，否则后期亏得一定比赚得多。

总结：销售任务是品牌商人员的生存之本，有时候需要换位思考，相互力挺，任何单方面的支持都不会长久。品牌商人员力求经销商各方面支持最大化，经销商力求品牌商人员业绩达成最大化，相互体量也是合作的基石。

（四）经销商如何利用自己的核心竞争力

新经销主编袁来老师将经销商分为三大类，每一类都有其核心竞争力，如附表 1 所示。

附表 1　经销商分类表

<table>
<tr><th rowspan="2">经销商</th><th colspan="2">品牌型经销商</th><th colspan="2">品类型经销商</th><th colspan="2">平台型经销商</th></tr>
<tr><th>单品牌</th><th>多品牌</th><th>单品类</th><th>多品类</th><th>流通</th><th>餐饮</th></tr>
<tr><td>经销结构</td><td>A + a1 + a2…</td><td>A + B + C</td><td>a1 + a2 + a3 + …</td><td>a1 + a2 + a3 + … b1 + b2 + b3 + …</td><td>一站式 C 端消费品</td><td>酒水饮料 + 一站式 B 端食材</td></tr>
<tr><td>典型特征</td><td>伊利
蒙牛
纳爱斯
益海嘉里
…</td><td>旺旺 +
统一 +
亿滋 +
…</td><td>休食
调味
冷冻
日化
…</td><td>口腔 +
纸品 +
洗涤 +
百货…</td><td>全品类</td><td>全品类</td></tr>
<tr><td>核心利润</td><td colspan="2">围绕“品牌”做生意
利润是卖出来的</td><td colspan="2">围绕“品类”做生意
利润是组合出来的</td><td colspan="2">围绕“渠道”做生意
利润是堆出来的</td></tr>
</table>

续表

经销商	品牌型经销商		品类型经销商		平台型经销商	
	单品牌	多品牌	单品类	多品类	流通	餐饮
组织架构	老板＋主管＋业务员		老板＋ 主管＋ 业务员	老板＋ 多部门＋ 业务员 老板＋ 多公司＋ 业务员	老板＋主管＋业务员 老板＋多部门＋业务员	
操作关键	推新能力 动销能力 管理能力		选品能力 产品组合 竞品抢占		产品组合 管理能力 运营能力	
经验借鉴	业务员驱动是关键		品类货架抢占是关键		运营能力（单店产出）是关键	

品牌经销商的核心优势可以概括为：

- 手握品牌产品，网点掌控力强，进可攻、退可守。
- 产品资源丰富，品牌商人员会由产品找到经销商，具备优先选品的机会。
- 可以借鸡生蛋，增加利润，尤其是强品牌产品，给予小幅度的销售政策即可收集市场预付款，让经营压力变得更小。

品类经销商的核心优势可以概括为：

- 充分整合和利用资源。大多商超采购都是以品类来划分的。专做某一品类，便于更好地协调与零售终端的关系。
- 便于以所经营产品的特性来调整自己的渠道模式。更好地整合厂家资源，节省成本。在某一行业内形成竞争优势，便于拿到优质产品的代理权，挤压竞争对手。

平台经销商的核心优势可以概括为：

- 便于公司内部的管理，招纳优秀人才，加强对渠道的控制力。
- 加快新品的铺市速度，便于精耕市场。

- 合理调配资源，提高资金的流转率。

总结：经销商首先要明确自己的类别，确定自己的优势，然后想办法变现。切记：在核心优势还未形成之前不可操之过急，市场运作还需要稳扎稳打。

写在最后

以上四点是本次和经销商聊天后达成的共识，问题本身并不难解决，只是经销商缺少问题解决规划能力，吃过的亏还在吃。有时候品牌商的管理人员要更加落地，和经销商深入沟通，少拍脑袋多走市场，相信任何一个品牌商都会销量、利润双丰收。

老板 · 创业			
一、经理人			
书名	内容	书名	内容
老总有想法，高层有干法 王清华　著	企业将、帅之间的定位问题、角色问题、方法问题、思维问题、管理问题等	**历史深处的管理智慧1：组织建设与用人之道** 刘文瑞　著	通过历史鉴照当今企业选人用人、二代接班人、创业团队管理等问题
历史深处的管理智慧2：战略决策与经营运作 刘文瑞　著	通过历史鉴照当今企业决策、战略规划、战略冒进、决策监督等问题	**历史深处的管理智慧3：领导修炼与文化素养** 刘文瑞　著	通过历史鉴照当今企业的领导修养、用权、管理风格等问题
老板经理人双赢之道 陈明　著	经理人怎么选平台、怎么开局，老板怎样选/育/用/留		
二、用人			
用好骨干员工 王敏　著	系统化分享关键人才打造与激励方法	**领导这样点燃你的下属** 孟广桥　著	领导者如何才能让员工积极主动地工作
让用人回归简单 宋新宇　著	帮助管理者抓住用人的要害，让用人变得简单	**激活新生代员工** 史量　孙斌　著	走进新生代的世界，一套行之有效的管理、激活90后、95后、00后的方法
三、转型 · 创业			
创业要过哪些坎 董坤　著	15年创业咨询经验总结的创业遇到的问题及办法	**高潜牛人** 董坤　著	创业和事业发展中如何找到牛人
成为下一个SaaS独角兽 崔牛会　主编	19位SaaS领专家，7个不同的视角总结SaaS行业实践	**创模式：23个行业创新案例** 段传敏　著	CEO社群23位企业家的思考与实践分享
重生——中国企业的战略转型 施炜　著	本书对中国企业战略转型的方向、路径及策略性举措提出了建议和意见	**7个转变，让公司3年胜出** 李蓓　著	企业估值、业务模式、营销、生产制造、客户服务、用户黏性、组织管理7个转变
企业二次创业成功路线图 夏惊鸣　著	五步骤给出了一幅企业二次创业经营突破、管理提升的成功路线图	**跟老板"偷师"学创业** 吴江萍　余晓雷　著	如何通过"偷师"学习与积累当老板的阅历
公司由小到大要过哪些坎 卢强　著	企业成长路线图，现在我在哪儿、未来还要走哪些路都清楚了	**跳出同质思维，从跟随到领先** 郭剑　著	66个精彩案例剖析，帮助老板突破行业长期思维惯性
极速增长：企业扩张策略 董坤　著	以"8shoes扩张法则"为思考框架，帮助处于这个阶段的创业公司及以创业公司形式孵化的变革型项目做出清晰的战略选择		

企业经营			
经营打造你的盈利系统 高可为　著	选择最有效的经营策略，打造属于自己的商业模式	**中国企业的觉醒** 王涛　著	企业告别自私、野蛮，转向善良、爱，才会赢得消费者
成为敏感而体贴的公司 王涛　著	未来有竞争力的企业，一定是那些敏感而体贴的公司	**有意识的思考** 王涛　著	对头脑中固有观念保持觉察，从而超越它们的局限
简单思考 孔祥云　著	著名咨询公司（AMT）CEO创业历程中的经验与思考	**写给企业家的公司与家庭财务规划** 周荣辉　著	以企业的发展周期为主线，介绍各阶段企业与企业主家庭的财务规划

续表

书名	内容	书名	内容
从10亿到100亿的企业顶层设计 刘建兆　著	重新定义企业成长方式，有效益、有效率、有效能、有效果、有品质的良性成长	**活系统：跟任正非学当老板** 孙行健　尹贤　著	造活系统，使系统活，靠系统活，活的系统
宗：一位制造业企业家的思考 刘建兆　著	发展20年营业额近亿元制造业企业家的思考与心得	**使命：驱动企业成长** 高可为　著	用大企业发展轨迹及企业家的心路历程，揭示企业成长的基因、做事的逻辑
让经营回归简单 宋新宇　著	战略、客户、产品、员工、成长、经营者的经营法则	**边干边学做老板** 黄中强　著	86个案例讲述中小公司成长过程中遇到的问题和方法
盈利原本就这么简单 高可为　著	跨越业务与财务边界，为企业提高盈利水平提供方法	**战略参谋：写出管用的战略报告** 蔡春华　著	企业对自己、市场、行业其实了解更深，助你高质量完成战略规划
不战全胜：给企业家读的孙子兵法 王吉坤　杨伟霞　著	从《孙子兵法》提炼和总结了帮助企业打造行业龙头品牌的体系	**公司离不开的全栈运营高手：产品运营与推广获客** 王虎　著	涉及运营案例、思维理论、实操复盘、管理方式、推广策略等，是作者八年运营推广经验的浓缩
公域引流　私域经营：这样经营用户关系 王庆云　汪洋　著	为大中型企业提供私域建设的顶层和全景式框架，探索不同业务特性可能适配的不同私域模式	**平台生态：价值创造与价值获取** 彭毫　罗珉　著	厂商之间的竞争已经从产品转到平台，如何创造新的价值创造和获取模式，是企业最想得到的答案
合伙制经营：有效激励，而不丧失控制权 胡八一　著	重点阐述实施合伙制的流程，通过四步为企业家提供一种有效激励而不丧失控制权的工具和方法	**机制创造人才** 彭剑锋　尚艳玲　著	华夏基石专家团著作，为个体赋能，经营人成就人，进行机制创新和价值管理
管理·管理学			
一、企业管理			
让管理回归简单 宋新宇　著	从目标、组织、决策、授权、人才、老板自己等提供方案	**管理的尺度** 刘文瑞　著	西医式的体检化验，又要施加中医式的望闻问切
管理：以规则驾驭人性 王春强　著	人性驾驭角度权度运筹安排的可兑现性，管理有效性	**看电影，学管理** 刘文瑞　著	十六部电影的解读，揭示电影内含的管理之道
好管理　靠修行 曾伟　著	从佛法、道法思想中寻找管理智慧	**公司大了，怎么管** 金国华　著	成长型企业发展中的共性问题，通过案例实录解开
低效会议怎么改 王玉荣　葛新红　著	从梳理公司会议体系的层面改变低效会议的现状	**年初订计划年尾有结果** 郭晓　著	总结七步落地方案让战略计划切实落地实现
分股合心 段磊　周剑　著	围绕股权激励，详细介绍相关知识和实行方法	**员工心理学超级漫画版** 邢磊　著	以漫画形式对组织中个体心理的全面介绍和深入探讨
让投诉客户满意离开 孟广桥　著	投诉法律法规，应对各种投诉技巧等提升客诉能力	**管理就是定计划，抓落实** 张国祥　著	员工"看了就会、拿来就用"的计划制订操作指南
不读韩非子，怎么当老板 王春强　著	通过集中分析有关人性的内容，引导现代管理者更深理解人性是如何影响企业运行，以及管理者应如何因人性而实施管理	**重新想象组织** 彭剑锋　尚艳玲　著	华夏基石专家团著作，通过组织变革逐步进化，找到成长之道，让企业可持续发展

续表

书名	内容	书名	内容
战略管理有方法 和恒咨询　著	结合中国企业实践总结的一套独创性、实操性的战略方法，100+工具轻松做战略	**高管如何为公司创造高增长** 彭剑锋　尚艳玲　主编	战略驱动着企业成长，企业又该如何突破增长的瓶颈
二、管理思想			
管理学的奠基者 刘文瑞　著	近代以来的管理思想发展揭示管理思想的演化奥秘	**巴纳德组织理论研读** 郭威　著	深度研读巴纳德《经理人员的职能》，帮你理解和看懂
管理学在中国 刘文瑞　著	科学看待管理学流入中国，对继承发展进行深入的阐述	**德鲁克管理学** 张远凤　著	以德鲁克管理思想发展为线展示20世纪管理学的发展
德鲁克与他的论敌们 罗珉　著	德鲁克与马斯洛、戴明等诸多管理大师论战的故事	**德鲁克管理思想解读** 罗珉　著	全面解构德鲁克思想的精髓与实践价值
治论：中国古代管理思想 张再林　著	深入分析中国古代哲学基本精神的基础上，梳理分析了儒法墨三家的管理思想	**流程经理10年案例笔记** 王焕东　著	用自身工作和生活中的鲜活案例及思考后的心得呈现不一样的流程管理思想
透过决策看组织 李慧才　著	对西蒙管理行为进行贴近企业的通俗化解析和阐释	**为什么高管爱读德鲁克** 王鹏　著	辅助深读德鲁克、提升管理认知
营销·销售			
一、企业销售			
大客户销售这样说这样做 陆和平　著	大客户销售活动的十大模块，68个典型销售场景	**向高层销售** 贺兵一　著	销售人员与客户高层打交道需要重点掌握的知识、技巧
资深大客户经理 叶敦明　著	将大客户经理必须具备的规划、策略、执行三种能力运用自如	**成为资深的销售经理** 陆和平　著	让销售经理成功把握销售管理的6个关键点，并提供工具
销售是个专业活 陆和平　著	据客户采购流程拆分销售过程十阶段，讲解方法技巧	**学话术　卖产品** 张小虎　著	手机、电动车、家电、食品等消费品的一线销售话术
工程项目大客户销售攻略 陆和平　著	三十八讲循序渐进，全方位透视工程大项目拿单的奥秘，通俗易懂，看了就能用	**大客户销售谈判：获得利润的最快途径** 陆和平　著	从不会谈判到成为谈判专家，帮助你在与大客户的谈判中轻松说服对方，实现从一次成交、成本价成交到高价成交、持续成交的转变
二、企业营销			
新营销组织力 迪智成　著	适应最新数字化外部环境，系统化协同组织能力建设	**营销按钮** 老苗　著	讲述存在于人性及各个营销环节中的“按钮”
精品营销战略 杜建君　著	“精品营销战略”核心逻辑与营销组合策略	**360°谈营销** 王清华　古怀亮　著	营销是立体的，从不同角度观察不同企业的营销精髓
互联网精准营销 蒋军　著	互联网时代整体策划、包装品牌和产品	**招招见销量的营销常识** 刘文新　著	做好基本的营销动作都可以提高销量、降低成本
用数字解放营销人 黄润霖　著	用数字说话覆盖营销工作的方方面面	**用营销计划锁定胜局** 黄润霖　著	让营销计划落地，营销人员只需解决两个问题：基数与概率

续表

书名	内容	书名	内容
我们的营销真案例 联纵智达研究院　著	五芳斋粽子、诺贝尔瓷砖、利豪家具、保健品、娃哈哈	**中国营销战实录** 联纵智达研究院　著	51个案例，46家企业，46万字，18年积淀
弱势品牌如何做营销 李政权　著	产品与物流通道、服务通道、促销互动通路，提供方法	**解决方案营销实战案例** 刘祖轲　著	十大工业品作者实操案例解码解决方案营销
升级你的营销组织 程绍珊　吴越舟　著	根据企业的实际情况建立有机性营销组织	**变局下的营销模式升级** 程绍珊　叶宁　著	十年大量案例归纳三种核心驱动要素、三种升级方向
老板如何管营销 史贤龙　著	十六个招式，理论与案例相结合，高段位营销方法	**孙子兵法营销战** 刘文新　著	理解《孙子兵法》原意的同时，还可体悟到营销之用
新营销2.0：从深度分销到立体连接 刘春雄　公方刚 牛恩坤　等著	立体连接打通三度空间，在互联网时代诞生快消品领域的超级巨头		
三、品牌			
中国品牌营销十三战法 朱玉童　著	深度演绎最符合企业品牌营销策划的十三套实战战法	**中小企业如何打造区域强势品牌** 吴之　著	从如何建立强势品牌的角度解析扩张难题
小众战略：小资源打造强势品牌 吴修利　著	从品牌观念、市场调研、竞争机会、内部调整等角度，对产品、渠道、传播等核心原则进行了系统梳理	**把品牌建在顾客心里：4步实现品牌IP化** 张学军　著	让品牌自带话题，自主传播
四、营销策划			
这样写文案，就没有卖不动的产品 秦剑　刘安丽　著	术、法、道三个层面由浅至深培养商业文案创作能力	**洞察人性的营销战术** 沈坤　著	介绍了28个匪夷所思的营销怪招，大部分可以直接运用
双剑破局：沈坤营销策划案例集 沈坤　著	双剑公司8年来的实操案例，每个项目诞生过程、策划角度和方法	**社区团购就这么干：供应商•平台•团长•用户** 陈海超　杨顶刚　著	分享最新实践经验，一看就懂，照着就能做
企业案例			
鲁花：一粒花生撬动的粮油帝国 余盛　著	鲁花如何成长为优秀的带动农业产业发展的品牌，鲁花你一定学得会	**金龙鱼背后的粮油帝国** 余盛　著	以金龙鱼为脉的一部中国粮油行业的史诗
你不知道的加多宝 曲宗恺　牛玮娜　著	以时间为轴线，详细叙述了加多宝品牌的发展历程	**静水流深** 黄治国　著	作者在美的十五年对何享健内部讲话资料的整理
娃哈哈区域标杆 罗宏文　快车君 赵晓萌　寇尚伟　著	讲娃哈哈豫北市场如何成为娃哈哈全国第一大市场、全国增量第一的市场	**借力咨询：德邦成长背后的秘密** 官同良　王祥伍　著	德邦将自己积累的与咨询公司发展共赢的合作逻辑和盘托出
六个核桃凭什么从0过100亿 张学军　著	全视角深度解读养元企业的裂变成长，复盘十年蜕变轨迹	**像六个核桃一样** 王超　著	六个核桃为什么卖得这么好，产品畅销的6大要义36条简明法则

续表

书名	内容	书名	内容
中国首家未来超市 IBMG 集团　著	对乐城超市的掌门人及内部员工的采访详细阐释了乐城的经验	**三四线城市超市如何快速成长：解密甘雨亭** IBMG 集团　著	甘雨亭的许多关键经营指标均高于行业标准，学习其成功的方法
集团化企业阿米巴实战案例 初勇钢　著	作者在某酒厂推行阿米巴经营模式的心得		
经销商			
新经销：新零售时代教你做大商 黄润霖　著	探访近 100 位经销商在传统营销手法上的创新，传统营销微创新和新营销本地化	**商用车经销商运营实战** 杜建君　王朝阳 章晓青　著	对商用车经销商的经营与管理、4S 店运营做了全方面的总结
跟行业老手学经销商开发与管理 黄润霖　著	从管理耐用消费品经销商角度提炼了 48 个代表性问题并给出解决办法	**快消品经销商如何快速做大** 黄润霖　著	经销商如何通过经营实现规模，通过管理实现规模效益
建材家居经销商实战 42 章经 王庆云　著	经营管理的心法和战法，帮助经销商成为“业务妙手”和“管理能手”	**成为最赚钱的家具建材经销商** 李治江　著	针对建材家居行业的经销商，从销售模式、产品、门店、市场等方面给出方法
白酒经销商的第一本书 唐江华　著	对经销商如何选择厂家、合作、运营品牌等问题给出建议	**快消品招商的第一本书** 刘雷　著	从招商理论到招商动作进行系列化分解，化繁为简
大商方法：榜样经销商与厂家的合作之道 唐道明　著	洞察厂商合作的核心，为经销商提供可行的方法，手把手教你做大商	**快消品经销商成功密码** 舟谱商学院　著	通过 8 个真实经销商案例，分享快消品经销商成功经验与方法
中小企业			
中小企业如何打造区域强势品牌 吴之　著	从如何建立强势品牌的角度解析扩张难题	**用流程解放管理者** 张国祥　著	8 个板块构成，共 66 篇文章，14 幅流程管理图
用流程解放管理者 2 张国祥　著	对中小企业规范化流程管理进行系统的阐述	**弱势品牌如何做营销** 李政权　著	产品与物流通道、服务通道、促销互动通路提供方法
本土化人力资源管理 8 大思维 周剑　著	用最贴近中国中小企业现实管理情境的案例讲述周围人的“家事”	**中小农业企业品牌战法** 韩旭　著	农业企业需要全产业链视野，更需要品牌实战方法
门店管理			
门店销售冠军复制系统 王吉坤　著	门店型企业如何打造可复制的销售冠军系统	**新零售动作分解与实操：建材·家居·家具** 盛斌子　著	对泛家居行业趋势、店面管理、团队管理、促销推广、五感营销等提供策略
家具建材促销与引流 薛亮　李永锋　著	对泛家居营销执行模式和工具、关键环节等进行汇总	**建材家居门店 6 力爆破** 贾同领　著	产品力、导购力、形象力、推广力、服务力、组织力
家具行业操盘手 王献永　著	总结家具终端门店发展的现状及问题并给出策略	**手把手教你做专业督导** 熊亚柱　著	系统梳理督导的核心技能，岗位职责、工作流程及技能

续表

书名	内容	书名	内容
手把手帮建材家居导购业绩倍增 熊亚柱　著	针对建材家居门店的业务人员，用案例故事还原场景教你成为好导购	**10步成为最棒的建材家居门店店长** 徐伟泽　著	梳理店长管理的核心工作职责、店面管理规范，帮助销售人员成长
建材家居门店销量提升 贾同领　著	9个板块讲述建材门店一个单店如何做到经营的良性循环	**总部有多强大，门店就能走多远** IBMG集团　著	五大方向综合阐述连锁零售企业总部如何提升管理能力
赚不赚钱靠店长，从懂管理到会经营 孙彩军　著	注重专卖店的经营思路拓展、门店管理细节方面能力的提升	**新医改了，药店就要这样开** 尚锋　著	从药店定位的思考，内部和会员管理等方面探讨中小型药店发展方向
电商来了，实体药店如何突围 尚锋　著	新时代药店经营的三驾马车：药学专业服务、会员贴心服务和精准定向促销	**引爆药店成交率1：店员导购实战** 范月明　著	药店人的零售工作，怎样接待顾客，完善销售技巧
引爆药店成交率2：药店经营实战 范月明　著	从药店经营角度建立改善门店现状的实用标准	**引爆药店成交率：专业化销售解决方案** 范月明　著	从简单的拿药服务到提供多角度的专业解决方案
口腔门诊盈利倍增：精益口腔 杨伟霞　王吉坤　著	为口腔门诊定制业绩提升管理系统并落地实施		
互联网			
一、互联网转型			
画出公司的互联网进化路线图 李蓓　著	18个“可以……吗”的问题作为产品、客户和价值方面的指引牌	**7个转变，让公司3年胜出** 李蓓　著	企业估值、业务模式、营销、生产制造、客户服务、用户黏性、组织管理7个转变
重生战略移动互联网和大数据时代的转型法则 沈拓　著	四个重生战略对应四个法则，告知传统企业的转型重生之路	**创造增量市场：传统企业互联网转型之道** 刘红明　著	为读者提供了寻找这些互联网的切入点和接触点的具体方法，带来增量市场
互联网+变与不变 本土管理实践与创新论坛　著	61篇精华文章，聚焦传统行业如何互联网+时代转型	**今后这样做品牌** 蒋军　著	顶层设计、营销创新、产品战略、渠道变革、品牌策略
移动互联新玩法 史贤龙　著	立足现实，剖析新时代背景下的移动互联趋势与热点	**互联网时代的成本观** 程翔　著	多维组合成本的互联网精神和大数据特征及应用
正在发生的转型升级实践 本土管理实践与创新论坛　著	100多位本土管理专家当年对最新一年的思考和实践	**1000铁杆女粉丝** 张兵武　著	如何让普通女性成为忠实追随的铁杆粉丝，磁力点、情感结、甜蜜区、信任圈
混沌与秩序Ⅰ：变革时代企业领先之道 彭剑锋　施炜　苗兆光　王祥伍　孙波　夏惊鸣	新环境下企业面临变革应如何应对，企业家如何坚守并与企业共同成长	**混沌与秩序Ⅱ：变革时代管理新思维** 彭剑锋　施炜　苗兆光　王祥伍　孙波　夏惊鸣	对处于时代变革下的企业管理新机制、人力资源管理新思维，组织与人的新型关系，结合案例提出优化建议
消费升级：实践·研究 本土管理实践与创新论坛　著	从经营、管理、行业三个方面记录消费升级下的实践	**互联网精准营销** 蒋军　著	互联网时代整体策划、包装品牌和产品
智能推荐：让你的业务千人千面 刘国昊　周波　著	从资讯、电商、文娱行业来详细讲解智能推荐的应用，用户时间的争夺战	**制造业外贸营销网站建设** 宋金亮　著	介绍整个网站从无到有的实现过程，从分析思路、撰写内容到规划页面，列举了大量正反面实例，帮助读者理解和投入实践

续表

书名	内容	书名	内容
二、抖音、微信微商、电商			
书名	内容	书名	内容
抖音营销系统 刘大贺　著	抖音系统的实战营销知识，上百个从0做大的案例	金牌微商团队长 罗晓慧　著	微商团队长创业实操的指导工具书
微商生意经：真实再现33个成功案例操作全程 伏泓霖　罗晓慧　著	精心挑选的33个微商成功案例，阐述具体操作过程	快速见效的企业微信营销方法 孙巍　著	站在微信生态的立体高度系统讲述企业微信快营销方法论
阿里巴巴实战运营：14招玩转诚信通 聂志新　著	产品定位、阿里巴巴排名因素、数据分析、标题优化等	阿里巴巴实战运营2：诚信通热卖技巧 聂志新　著	打开诚信通运营的金钥匙，十大具体运营技巧
三、行业新营销			
餐饮新营销 杨勇　程绍珊　著	聚焦餐饮企业转型，系统的餐饮企业营销管理体系	新零售进化路径 李政权　著	预先复盘新零售及商业的未来，找到方向
珠宝黄金新营销 崔德乾　著	珠宝业新营销/新品牌/新产品/新零售/新连接/新场景/新服务/新传播/新管理	新经销：新零售时代教你做大商 黄润霖　著	探访近100位经销商在传统营销手法上的创新，传统营销微创新和新营销本地化
新零售动作分解与实操：建材·家居·家具 盛斌子　著	对泛家居行业趋势、店面管理、团队管理、促销推广、五感营销等提供策略	新营销 刘春雄　著	让品牌商和渠道商掌握获得独立流量的能力，能够与平台商博弈
快速见效的企业网络营销方法 B2B　大宗 B2C 张进　著	数据和案例90%来自作者服务的中小企业，快速全面地学习企业网络营销方法	移动互联下的超市升级 联商网专栏　著	超市未来的发展趋势，对社区超市、生鲜、全渠道建设、O2O等提出观点
百货零售全渠道营销策略 陈继展　著	零售行业的竞争重点、行业本质、战略转型、未来趋势、经验和案例	互联网时代的银行转型 韩友诚　著	银行业在互联网金融变革浪潮中所做的积极应对和转型布局
触发需求：互联网新营销样本·水产 何足奇　著	通过鲜誉案例解读阐述水产行业如何进行互联网转型	新农资如何弯道超车 刘祖轲　著	从农业产业化、互联网转型、行业营销与经营突破四个方面阐述农资企业转型
新零售　新终端 迪智成　著	将新零售系统打法做梳理并落地在新终端建设上		
医药医疗			
一、药店			
新医改了，药店就要这样开 尚锋　著	从药店定位的思考、内部和会员管理等方面探讨中小型药店发展方向	电商来了，实体药店如何突围 尚锋　著	新时代药店经营的三驾马车：药学专业服务、会员贴心服务和精准定向促销
引爆药店成交率1：店员导购实战 范月明　著	药店人的零售工作，怎样接待顾客，完善销售技巧	引爆药店成交率2：药店经营实战 范月明　著	从药店经营角度建立改善门店现状的实用标准
引爆药店成交率：专业化销售解决方案 范月明　著	从简单的拿药服务到提供多角度的专业解决方案	连锁药店新风口：资本　智能　大数据 动脉网　著	对我国连锁药店的市场环境、行业现状等进行分析，给出对连锁药店未来发展趋势的预判
药店导购关联销售技巧与成交话术 范月明　著	以药店情景案例导入，介绍常见疾病的导购销售话术与顾客心理分析，进而提供关联销售解决方案		

续表

二、药品销售			
书名	内容	书名	内容
医药第三终端：从控销到动销　诊所　基层医疗 王祥君　张芳文　著	用大量案例来梳理药企落地动销的策略、方法和技战术	医药营销：诊所开发维护与动销 张江民　著	从六个方面系统阐述基层诊所市场营销攻略
处方药合规推广实战宝典 赵佳震　著	对处方药推广体系搭建、推广人员岗位内容等六个方面进行阐述	医药代理商经营全指导 戴文杰　著	从产品选择、价格体系设计、路径管理等维度描述代理商产品操作的基本策略
处方药零售这样做 田军　著	处方药零售的重要性及做市场的具体措施和方法	OTC 医药代表药店开发与维护 鄢圣安　著	一位从初级 OTC 医药销售代表成长起来的销售经理的经验分享
OTC 医药代表药店销售 36 计 鄢圣安　著	以《三十六计》为线，阐述 OTC 医药代表向药店销售的技巧与策略	做医生信赖的医药代表 邹晓徽　宁剑锋 朱文虎　著	医药代表如何在合规要求下做好药品推广工作的操作工具书
三、药企转型			
药企战略·运营与医药产业重构 杜臣　著	医药产业的深度认知与发展趋势结合，战略思考与经营操作相统一	医药行业大洗牌与药企创新 林延君　沈斌　著	围绕创新介绍医药行业，介绍近百家医药企业创新实践案例
医药新营销 史立臣　著	从药企最关心的八个方面阐述制药企业、医药商业企业营销模式转型	医药企业转型升级战略 史立臣　著	从商业模式转型、管理转型、定位转型、运营模式转型和跨界转型五方面阐述转型
新医改下的医药营销与团队管理 史立臣　著	立足新医改相关政策的解读，为中小医药企业出谋划策	在中国，医药营销这样做 段继东　著	时代方略在医药营销领域思想、方法文章的精选合集
四、新医疗			
成为医疗器械领军者 王强　著	中小医疗器械生产企业和代理商怎样转型	新型诊所经营与创新 动脉网　著	对新型诊所从标准化管理、经营方式、团队建设、连锁模式四个方面进行解读
医美新风口：颜值经济下的亿万市场 动脉网　著	详细介绍中国医疗美容行业的发展趋势、现状及医美产业链等	互联网医院：正在发生的医疗新变革 动脉网　著	介绍互联网医院的建设与运营、管理，发展模式和市场布局，以及发展规律
快消品			
一、快消案例			
中国快消品营销这些年 史贤龙　著	一本书浓缩快消品营销 15 年的实战历程与前沿思考	这样打造大单品 迪智成　著	通过 13 个大案例帮助企业梳理打造大单品的路径
你不知道的加多宝 曲宗恺　牛玮娜　著	以时间为轴线，详细叙述了加多宝品牌的发展历程	娃哈哈区域标杆 罗宏文　快车君　赵晓萌 寇尚伟　著	娃哈哈豫北市场如何成为娃哈哈全国第一大市场、全国增量第一的市场
六个核桃凭什么从 0 过 100 亿 张学军　著	全视角深度解读养元企业的裂变成长，复盘十年蜕变轨迹	像六个核桃一样 王超　著	六个核桃为什么卖得这么好，产品畅销的 6 大要义 36 条简明法则

续表

书名	内容	书名	内容
5小时读懂快消品营销 陈海超　著	20年快消品市场风云洞察解码，丰富的案例解析		
二、快消品区域经理			
快消品营销团队管理 刘雷　伯建新　著	快消品团队管理相关的20余个工具+20余个案例	**这样打造快消品区域标杆** 罗宏文　牛玉龙　著	分两篇解决如何成功打造标杆市场和进行持续增量管理两大问题
成为优秀的快消品区域经理（升级版） 伯建新　著	作为区域经理的“速成催化器”，升级版增加11篇内容	**快消老手都在这样做：区域经理操盘锦囊** 方刚　著	一线成长起来的资深快消品营销人“压箱底”绝活
快消品营销人的第一本书 刘雷　伯建新　著	针对一线厂家业务员工作中常遇到的问题给予建议	**销售轨迹：一位快消品营销总监的拼搏之路** 秦国伟　著	一个普通营销人的故事，16年背井离乡的职场拼搏之路
快消品营销：一位销售经理的工作心得2 蒋军　著	从市场操作、团队管理、传播推广、营销的具体策略和战略等方面提供方法		
三、快消品动销			
动销：产品是如何畅销起来的 余晓雷　著	从怎么被消费者买走和竞争对手是谁这两个原点解决动销问题	**动销操盘：节奏掌控与社群时代新战法** 朱志明　著	用七个章节阐述关于动销操盘的要诀，节点、节奏、主次、条件匹配性等问题
动销四维：全程辅导与新品上市 高继中　著	从产品、渠道、促销和新品上市四个方面详细讲解提高动销的具体方法	**快消品经销商这样做才赚钱** 张宇　著	从全新的角度，解读经销商的经营困境，并提供可实操的解决方法
四、快消品渠道			
深度分销 施炜　著	渠道价值链、模式选择、渠道策略与管理、零售经销商管理、最佳实践、团队建设	**通路精耕操作全解** 周俊　陈小龙　著	对康师傅的制胜法宝通路精耕进行系统的介绍与说明，图表和完善入微的操作方法
酒水饮料快消品餐饮渠道营销手册 朱伟杰　著	对餐饮渠道深入挖掘，建立适合餐饮渠道发展的服务模式和组织保障措施	**快消品经销商如何快速做大** 杨永华　著	经销商如何通过经营实现规模，通过管理实现规模效益
快消品营销与渠道管理 谭长春　著	解决日常涉及的渠道管理、市场、产品等营销事务	**快消品招商的第一本书** 刘雷　著	从招商理论到招商动作进行系列化分解，化繁为简
采纳方法：化解渠道冲突 朱玉童　著	21个最新的渠道冲突案例立体地介绍渠道冲突的现象和方法	**快消品促销管理与方案：规划 技能 工具** 张荣举　著	涵盖促销规划、打法、具体落地执行的细节和终端人员技能及训练，结合线上线下运作，提供全套方法
五、快消品企业战略			
重构：快消品企业重生之道 杨永华　著	从战略、品牌、市场、产品、营销、系统、管理7个方面进行重构	**变局下的快消品实战策略** 杨永华　著	从5个角度针对快消品企业如何应对行业变局给出答案
新营销 刘春雄　著	让品牌商和渠道商掌握获得独立流量的能力，能够与平台商博弈	**采纳方法：破解本土营销8大难题** 朱玉童　著	破解困扰营销人的八大难题，给出解决方法
白酒营销培训宝典：复制高业绩 刘孝鞅　著	总结白酒营销人员系统运作市场的要点，转化为易学可复制的动作和工具表单	**酒水饮料快消品餐饮渠道营销手册** 朱伟杰　著	对餐饮渠道深入挖掘，建立适合餐饮渠道发展的服务模式和组织保障措施

续表

白酒			
书名	内容	书名	内容
白酒营销的第一本书 唐江华　著	多角度阐释白酒一线市场操作的最新模式和方法	**白酒经销商的第一本书** 唐江华　著	对经销商如何选择厂家、合作、运营品牌等问题给出建议
白酒到底如何卖 赵海永　著	多角度阐释白酒一线市场操作的最新模式和方法	**白酒到底如何卖2：从市场培育到动销** 赵海永　著	系统化、标准化、模式化的促成动销的实战操作方式和方法
变局下的白酒企业重构 杨永华　著	白酒企业重构期的营销战略与实操策略6大方法	**酒业转型大时代** 微酒　著	酒水营销、新闻资讯及行业分析、预测的知识宝典
区域型白酒企业营销必胜法则 朱志明　著	以36条法则从战略、营销、推广、产品线、品牌、市场、战术等方面提供方法	**10步成功运作白酒区域市场** 朱志明　著	从市场攻守、产品攻略、新品上市、占领渠道、促销等十个层面阐述
白酒营销1：中小酒企操盘与崛起 徐伟　徐涛　著	深入分析品牌与行业、操作方法，提供营销实操宝典	**白酒营销2：品类创新策略升级** 黑格咨询　著	立足行业现状，建立品类创新、营销模式创新路径，提供市场建设方法、营销策略与工具案例
茶·调味品·油·乳业			
营销中国茶：2小时读懂茶叶营销 史贤龙　著	中国茶营销的“困局”“破局”和“创举”	**中国茶叶营销第一书** 柏龑　著	纵览中国茶叶市场的全局，并且有针对性地提出问题并阐述解决方法
调味品营销第一书 陈小龙　著	15年监控中国市场50个中外著名调味品品牌市场运作、管理等的经验总结	**调味品企业八大必胜法则** 张戟　著	提炼了调味品企业八大规律性的关键成功要素
食用油营销的第一本书 余盛　著	从小包装油行业概述到产品的基本知识，从基本执行动作到品牌整体策划等	**鲁花：一粒花生撬动的粮油帝国** 余盛　著	鲁花如何成长为优秀的带动农业产业发展的品牌
金龙鱼背后的粮油帝国 余盛　著	以金龙鱼为脉的一部中国粮油行业的史诗	**乳业营销的第一本书** 侯军伟　著	区域型乳品企业如何才能稳健发展
调味品经销商公司化运营 张戟　著	调味品和快消品经销商如何从“个体户”到“公司化”，一步步推进的具体方法		
工业品			
一、工业品销售			
大客户销售这样说这样做 陆和平　著	大客户销售活动的十大模块，68个典型销售场景	**销售是个专业活** 陆和平　著	据客户采购流程拆分销售过程十阶段、讲解方法技巧
成为资深的销售经理：B2B工业品 陆和平　著	让销售经理成功把握销售管理6个关键点，并提供工具	**一切为了订单：订单驱动下的工业品营销实践** 唐道明　著	以订单流程的三个环节为主线讲述工业品营销管理新思路
订单是这样拿到的 郑文洲　著	作者近10年销售生涯的回顾，真实销售故事和成功经验分享		
二、工业品营销			
工业品营销管理实务（第4版） 李洪道　著	是信任导向工业品营销体系的深化版、工业品营销管理体系优化咨询的升级版	**工业品企业如何做品牌** 张东利　著	为当下中国制造的品牌化转型提供经过实践证明的理念、方法和体系

续表

书名	内容	书名	内容
工业品市场部实战全指导 杜忠　著	解决职能不清、市场部五大职能如何运作、职业发展路径等具体问题	**解决方案营销实战案例** 刘祖轲　著	十大工业品作者实操案例解码解决方案营销
资深大客户经理：策略准　执行狠 叶敦明　著	将大客户经理必须具备的规划、策略、执行三种能力运用自如		
三、工业品企业			
变局下的工业品企业7大机遇 叶敦明　著	探索工业品企业成长的新机会，7大战略与战术性机会	**两化融合管理体系贯标流程与方法** 戴勇　著	融合五十多家企业在两化融合贯标过程的经验，总结重点与举措
丁兴良讲工业4.0 丁兴良　著	多角度阐述中国在工业4.0的机遇和挑战		
建材家居			
一、建材家居门店			
家居建材促销与引流 薛亮　李永锋　著	对泛家居营销执行模式和工具、关键环节等进行汇总	**新零售动作分解与实操：建材·家居·家具** 盛斌子　著	对泛家居行业趋势、店面管理、团队管理、促销推广、五感营销等提供策略
家具行业操盘手 王献永　著	总结家具终端门店发展的现状及问题并给出策略	**手把手教你做专业督导** 熊亚柱　著	系统梳理督导的核心技能、岗位职责、工作流程及技能
手把手帮建材家居导购业绩倍增 熊亚柱　著	针对建材家居门店的业务人员、案例故事还原场景，教你成为好导购	**10步成为最棒的建材家居门店店长** 徐伟泽　著	梳理店长管理的核心工作职责、店面管理规范和帮助销售人员成长
建材家居门店销量提升 贾同领　著	9个板块讲述建材一个单店如何做到经营的良性循环	**建材家居门店6力爆破** 贾同领　著	产品力、导购力、形象力、推广力、服务力、组织力
二、建材家居经销商			
新经销：新零售时代教你做大商 黄润霖　著	探访近100位经销商在传统营销手法上的创新，传统营销微创新和新营销本地化	**建材家居经销商42章经** 王庆云　著	经营管理的心法和战法，帮助经销商成为“业务妙手”和“管理能手”
成为最赚钱的家具建材经销商 李治江　著	针对建材家居行业的经销商，从销售模式、产品、门店、市场等方面给出方法		
三、建材家居企业			
定制家居黄金十年 韩锋　翁长华　著	对中国定制家居行业20年发展历程进行深度、系统、专业的解读	**建材家居营销：除了促销还能做什么** 孙嘉晖　著	探索家居建材行业营销的革命，发现行业“营销天花板”的突破口
建材家居营销实务：新环境、新战法 程绍珊　杨鸿贵　著	针对建材家居市场特点提出以客户价值为基础的整体营销价值链	**全屋整装　高利润运营手册** 翁长华　陈平　著	十大维度解决实际问题，是0到1极具操作性的整装指南
零售·餐饮·服装·影院·美容院			
新零售进化路径 李政权　著	预先复盘新零售及商业的未来，找到方向	**新零售　新终端** 迪智成　著	梳理新零售系统打法并落地在新终端建设上

续表

书名	内容	书名	内容
移动互联下的超市升级 联商网　著	超市未来的发展趋势，对社区超市、生鲜、全渠道建设、O2O等提出观点	**百货零售全渠道营销策略** 陈继展　著	零售行业的竞争重点、行业本质、战略转型、未来趋势、经验和案例
超市卖场定价策略与品类管理 IBMG集团　著	零售企业的市场拓展与商品定位、商品结构与商品陈列、毛利分析与库存分析	**连锁零售企业招聘与培训破解之道** IBMG集团　著	围绕零售企业组织架构、培训体系建设等内容进行探讨
总部有多强大，门店就能走多元 IBMG集团　著	五大方向综合阐述连锁零售企业总部如何提升管理能力	**三四线城市超市如何快速成长：解密甘雨亭** IBMG集团　著	甘雨亭的许多关键经营指标均高于行业标准，学习其成功的方法
中国首家未来超市：解密安徽乐城 IBMG集团　著	对乐城超市的掌门人及内部员工的采访详细阐释了乐城的经验	**零售：把客流变成购买力** 丁昀　著	通过大量的实际案例对中国零售业态的升级转型之路提出思考
餐饮新营销 杨勇　程绍珊　著	聚焦餐饮企业转型，系统的餐饮企业营销管理体系	**电影院的下一个黄金十年** 李保煜　著	介绍了中国电影产业的运作模式及电影院的开发、设计思路
餐饮企业经营策略第一书 吴坚　著	阐述餐饮企业产品之道、市场之道、顾客之道及盈利之道	**赚不赚钱靠店长，从懂管理到会经营** 孙彩军　著	注重专卖店的经营思路拓展，门店管理细节方面能力提升
时装买手自学通 范敏娜　编著	从流行趋势调研、商品企划、采购渠道、数据管理到店铺销售等时装买手需要具备的能力与操盘技巧	**美容院/养生馆高盈利经营模式** 陈鹏飞　著	5步实现店铺高盈利方法与策略
农牧业			
一、农资			
饲料营销有方法 陈石平　著	饲料营销的7大核心命题	**农资营销实战全指导** 张博　著	在农资市场行之有效的营销策略和工具
新农资如何弯道超车 刘祖轲　著	农业产业化、互联网转型、行业营销与经营突破		
二、农牧企业			
中国牧场管理实战 黄剑黎　著	对牧场管理标准、管理制度、操作规程做出剖析和指引	**中小农业企业品牌战法** 韩旭　著	农业企业需要全产业链视野，更需要品牌实战方法
变局下的农牧企业9大成长策略 彭志雄　著	为农牧企业量身打造了9个立足现在、展望未来的成长策略	**农产品营销实战第一书** 胡浪球　著	针对33个农产品营销的核心问题提供具体招数
农产品全网营销 吴之　著	帮助全国农业合作社、家庭农场打造农产品品牌		
地产·汽车			
一、地产			
中国城市群房地产投资策略 吕俊博　刘宏　著	挖掘主要城市群的现状特征、发展因子、演化趋势、竞争关系等，给出分析建议	**产业园区/产业地产：规划、招商、实战运营** 阎立忠　著	从认知、规划、招商、运营四方面系统解读产业园区的建设精要和运营技巧
人文商业地产策划 戴欣明　著	“全球化视野（创意）”+“人文+”思维	**产业园区/产业地产2：系统化经营与操盘攻略** 阎立忠　著	全方位系统解析产业园区运营策略
从零开始打造产业园区 刘晓君　著	全流程，系统化，注重细节，多角度教你打造产业园区		

续表

二、汽车			
书名	内容	书名	内容
商用车经销商运营实战 杜建君　著	对商用车经销商的经营与管理、4S店运营做了全方面的系统总结	汽车配件这样卖 俞士耀　著	适合轮胎、机油、维修、快保、美容、洗车等汽车服务业态销售实操办法
润滑油销售：这样说，这样做更有效 张金荣　著	总结润滑油销售面对三大客户常遇到的200余个营销问题解决方法	润滑油品牌营销 张金荣　著	没有说教，只有方法，适合小微企业、代工品牌、经销商、营销人阅读
投资理财·收购资本			
交易心理分析 马克·道格拉斯 【美】　著	一语道破赢家的思考方式，并提供了具体的训练方法	财报背后的投资机会 蒋豹　著	零基础轻松掌握财务报表的相关知识，快速入门
写给企业家的公司与家庭财务规划 周荣辉　著	以企业的发展周期为主线，介绍各阶段企业与企业主家庭的财务规划	分股合心 段磊　周剑　著	围绕股权激励，详细介绍相关知识和实行方法
成功并购300问 浩德并购军师联盟　著	系统学习资本运作和企业并购知识的金融工具书	并购名著阅读指南 叶兴平　著	从全球5000多本并购图书中精选200本并进行评价
避开股权合伙这些坑 苏雯静　著	根据创始合伙人、外部合伙人、内部合伙人等方面的实际案例做归纳和梳理	产业并购操盘手 张军杰　著	15个案例，11个范本，38个图表，拿来即用
科创板IPO上市全流程指导 丁先云　刘海旭　著	不仅有各项制度的深入剖析，更有各种问题和解决方案的详细论述，配合案例，轻松操作		
阿米巴			
阿米巴经营的中国模式 李志华　著	基于阿米巴经典理念提出了适合中国本土的员工自主经营的“1532”模型	集团化企业阿米巴实战案例 初勇钢　著	作者在某酒厂推行阿米巴经营模式的心得
中国式阿米巴落地实践之激活组织 胡八一　著	划分原则、裂变与整合、组织管控、重新定位、巴长竞聘和组阁	中国式阿米巴落地实践之从交付到交易 胡八一　著	从6个方面阐述经营会计，从交付到交易是成功实施阿米巴的标志
中国式阿米巴落地实践之持续盈利 胡八一　著	企业做成平台、平台做成阿米巴、阿米巴做成合伙制		
人力资源管理			
一、绩效·薪酬			
回归本源看绩效 孙波　著	从目的和概念帮助企业梳理绩效管理与经营的关系	走出薪酬管理误区 全怀周　著	从7个常见的薪酬误区入手为企业提供一套系统解决方法
曹子祥教你做绩效管理 曹子祥　著	作者核心授课课程的还原，掌握绩效管理的核心内容	曹子祥教你做激励性薪酬设计 曹子祥　著	作者28年咨询经验总结，如何进行科学的薪酬体系设计
把招聘做到极致 远鸣　著	资深招聘经理多年工作心得的提炼	把招聘做到极致2：灰度招聘全攻略 黄渊明　李佳倩　著	从实战需求出发，兼容并包各种优秀的招聘理论、方法、经验与工具，并进行创新性的应用

续表

二、招聘·面试·培训			
书名	内容	书名	内容
把面试做到极致 孟广桥　著	一套实用的确定岗位招聘标准，提升面试官技能方法	**世界500强资深培训经理人教你做培训管理** 陈锐　著	构建培训体系、培训组织、培训文化、开发培训资源，教你做培训管理
人才评价中心漫画版 邢雷　著	用漫画形式写成的人才测评专业书籍		
三、HR高管·劳动法			
经营型HRD 黄渊明　著	总结企业HRD如何支撑企业经营，抓好七件关键事情	**人才供应链：实现高绩效均衡的人才管理模式** 许锋　著	打造人才供应链的四大支柱、十项修炼的完整体系
新任HR高管如何从0到1 新海　著	到互联网创业型企业担任HRVP，从0到1建立较完善的HR体系	**人力资源体系与e－HR信息化建设** 刘书生　陈莹　王美佳　著	6大框架、28个关注点、5大目标、6大优势、166个交付物咨询体系和盘托出
集团化人力资源管理实践 李小勇　著	针对集团型企业人力资源管理的问题提出科学建议	**我的人力资源管理笔记** 张伟　著	第三方咨询视角跳出“技术方法”看人力资源管理
人力资源的5分钟劳动法 李皓楠　著	入职管理、在职管理、离职管理中遇到的劳动法问题及应对	**海外人力资源管理：帮企业成功“走出去”** 黄渊明　著	弥补了中国企业海外人力资源管理实践体系建设的空白，具有开创性意义
从零开始学：胜任力模型建模与应用 林丽萍　著	手把手教你做胜任力建模，并通过大量的企业案例拆解介绍模型在各个方面的落地应用	**上市公司总经理助理工作笔记** 黄娜　著	40个案例，教你从小白助理到资深总助
用好任职资格体系 杨序国　著	以某企业为案例，系统地介绍了企业HR如何通过任职资格体系帮助员工成长		
四、HRBP			
HRBP是这样炼成的之菜鸟起飞 黄渊明　著	作者在初步转型HRBP两年时间里摸索实践的亲身经历与总结	**HRBP是这样炼成的之中级修炼** 黄渊明　著	结合作者亲身从事HRBP的工作经历，总结HRBP的作战故事
HRBP高级修炼 黄渊明　著	故事方式，HRD角度深度呈现运用HRBP的思维、方法		
企业文化			
企业文化落地本土实践 王祥伍　著	华夏基石“知信行”模型描绘企业文化落地路线图	**企业文化的逻辑** 王祥伍　著	从文化起源深刻剖析文化、效率、企业、企业文化联系
企业文化定位·落地一本通 王明胤　著	企业文化理念传播和落地聚焦的17种方法，解读了近100个实战案例	**36个拿来就用的企业文化建设工具** 海融心胜　著	汇集整理了36个通用的企业文化实践工具
企业文化激活沟通 宋杼宸　安琪　著	系统阐述沟通与企业文化的关系，给予企业提升沟通效能的企业文化解决方案	**企业文化建设超级漫画版** 邢雷　著	用漫画形式写成的企业文化建设专业书籍，理论体系和29个具体的操作方法
在组织中绽放自我 朱仁建　著	个人与组织之间的关系，文化对组织化形成的影响	**用企业文化提升经营绩效** 彭剑锋　尚艳玲　主编	企业要想在竞争中利于不败之地，就不能没有能打胜仗的企业文化与领导力
流程管理			
营销·研发·供应链业务架构与流程管理 谭勋晖　著	营销、研发、供应链三大业务流程变革实践经验总结	**打造集成供应链** 王春强　著	第一用力在“集成”上，梳理内外部相关模块及其依赖关系
人人都要懂流程 金国华　余雅丽　著	50幅流程管理漫画，内部对流程价值理念的高度共识	**用流程解放管理者** 张国祥　著	8个板块构成，共66篇文章，14幅流程管理图
用流程解放管理者2 张国祥　著	对中小企业规范化流程管理进行系统的阐述	**跟我们学建流程体系** 陈立云　罗均丽　著	在《跟我们做流程管理》的基础上丰富了标杆实践案例

续表

质量管理			
书名	内容	书名	内容
16949 质量管理体系落地与全套文件汇编 谭洪华　著	对 IATF16949 每个条款讲解采用理解、作用、落地、模板、成功案例模块解析	**ISO9001：2015 制造业文件模板全集** 贺红喜　著	五篇内容组成的完整的质量管理体系工具文件
精益质量管理实战工具 贺小林　著	四个方面对精益质量管理进行了全方位介绍和解读，并提供大量的方法工具	**五大质量工具详解及运用案例** 谭洪华　著	APQP、FMEA、MSA、SPC、PPAP 五大质量工具的具体运用
IATF16949 质量管理体系详解与案例文件汇编 谭洪华　著	针对 IATF16949 的标准原文做详细解说，同时提供大量的表单案例	**SA8000：2014 社会责任体系认证实战** 吕林　著	将 SA8000 多版本及 10 多年的体系实战经验汇编成书
ISO9001：2015 新版质量管理体系解读与案例文件汇编 谭洪华　著	对 ISO9001：2015 新版标准理解和运用操作进行详细解读	**ISO14001：2015 新版环境管理体系解读与案例文件汇编** 谭洪华　著	ISO14001：2015 改版后的差别和操作运用进行详细讲解
我在世界 500 强做供应商质量管理 宋华　著	分享汽车行业成熟的供应商质量管理体系和方法，都是作者的亲身经历	**ISO45001 职业健康安全管理体系落地 + 全套案例文件** 谭洪华　著	每个条款清晰讲解，内容完全落地，轻松运用
五大质量工具之 FMEA（2019 第五版）详解及运用落地 谭洪华　著	对 2019 年 6 月修订的第五版 FMEA 标准进行详解，提供落地操作方法和全部案例文件，可直接套用		
精益生产			
一、精益·JIT·IE			
精益思维：超越对手的力量 刘承元　著	以尊重人性的精益思想为切入点，分别从管理者的精益理念、精益思维、精益实践、精益中国制造等方面进行独到的分析	**比日本工厂更高效** 刘承元　著	管理提升无极限 + 超强经营力 + 精益改善里的成功实践
计划与物流精益改善之道 于晓光　著	围绕“计划与物流战略咨询的方法论”进行解析，提供方法论和案例	**300 张现场图看懂精益 5S** 乐涛　著	通过日本丰田、上市企业案例，用 300 张现场图系统讲解 5S 管理
3A 顾问精益实践 1：IE 与效率提升 党新民　苏迎斌 蓝旭日　著	系统、全面地介绍 IE 工厂管理技术，提高效率创造价值	**3A 顾问精益实践 2：JIT 与精益改善** 肖智军　党新民　著	系统、全面地介绍 JIT 生产方式，并加入实践案例
高员工流失率下的精益生产 余伟辉　著	从三方面论述推行精益管理时如何应对员工流失	**让员工爱上 6S 管理** 肖智军　著	提供了众多企业的原版资料、案例，还汇集了一些企业骨干的推行感想、感悟及反思
200 张图表学精益管理：IE 工厂效率提升方法 刘秀堂　著	IE 工程师视角，全是一线经验。精益落地的实操方法，大量图表工具让你上手就能做		
二、生产管理			
化工企业工艺安全管理实操 黄娜　著	围绕化工工艺安全 14 要素来展开分析	**手把手教你做专业生产经理** 黄娜　著	生产经理如何在信息流、物流、资金流三大流中开展工作

续表

书名	内容	书名	内容
欧博心法：好工厂　靠管理 曾伟　著	从管人篇和管事篇帮助读者解决人难管、事难控	欧博工厂案例1：生产计划管控对话录 曾伟　曾子豪　著	工厂管理生产计划管控模块的8个全景细节大案例
欧博工厂案例2：品质技术改善对话录 曾伟　曾子豪　著	工厂管理品质、技术、效率管理模块的10个全景细节大案例	欧博工厂案例3：员工执行力提升对话录 曾伟　曾子豪　著	工厂管理人员管控模块的5个全景细节大案例
工厂管理实战工具 曾伟　著	中国传统文化指导下的工厂管理工具	制造业成本倍减42法 王天江　著	42种经过实际验证有效的成本降低方法，用61个真实案例说明
制造企业上10亿其实并不难 杨小林　著	年产值1亿~10亿元中小制造企业在工厂经营和管理上的业务指导		
三、班组长			
全能型班组：城市能源互联网与电力班组升级 国网天津电力公司　著	从互联网时期的班组转型升级出发，对新型班组组织模式和运行机制进行设想	国网天津电力全能型班组建设实务 国网天津电力公司　著	聚焦天津电力公司在探索全能型班组转型升级时的优秀实践
咨询·培训师			
培训师事业长青之道 廖信琳　著	培训师自我管理的“洋葱模型”、十项内容与五个层级	管理咨询师的第一本书 熊亚柱　著	深度剖析初级入行咨询师在工作中遇到的问题
资深管理咨询顾问工作心得 张国祥　著	使用手册讲述咨询师如何操作项目、老板如何选择咨询师、企业如何自主落地	手把手教你做顶尖企业内训师 熊亚柱　著	从开、控、收、编、制、用的角度去履行培训师的职责
TTT培训师精进三部曲上 廖信林　著	手把手教你“深度改善现场培训效果”的一招一式	TTT培训师精进三部曲中 廖信林　著	建构一整套培训课程设计与开发的认知架构和方法体系
TTT培训师精进三部曲下 廖信林　著	通过“沉淀职业功力的六度模型”，帮助培训师在职业技能上持续精进		
产品·研发			
研发体系改进之道 靖爽　陈年根 马鸣明　著	取材数十家企业研发改进的咨询实践，提炼一套实操的改进步骤与工具	新产品开发管理，就用IPD（升级版） 郭富才　著	把产品经营的思想凝结在新产品开发管理机制中，升级版更丰富
产品开发管理：方法·流程·工具 任彭枞　著	结合超过300家企业的实际研发管理方法，总结问题和方法，大量表格	资深项目经理这样做新产品开发管理 秦海林　著	采用过程管理方法，对新产品开发的四大过程进行分析，主要针对小电器产品
产品炼金术Ⅰ：如何打造畅销产品 史贤龙　著	打造畅销产品的四个方法	产品炼金术Ⅱ：如何用产品驱动企业成长 史贤龙　著	从经营者视角重新认识产品，快速诊断产品现状
快消品产品开发方法：打造快消爆品 张荣举　著	提供整套实战性的思维、方法、技能和工具，直接带有表格及公式，一看就能上手